U0916300

笔试技巧与思维训练

杨永照◎编著

人民日报出版社
北京

图书在版编目（CIP）数据

笔试技巧与思维训练 / 杨永照编著. -- 北京：人民日报出版社，2025. 1. -- ISBN 978-7-5115-8579-0

Ⅰ. D630.3

中国国家版本馆CIP数据核字第20254B05R8号

书　　名：笔试技巧与思维训练
BISHI JIQIAO YU SIWEI XUNLIAN
编　　著：杨永照

出 版 人：刘华新
责任编辑：葛　倩　杨　瑾
封面设计：中尚图

出版发行：人民日报出版社
社　　址：北京金台西路2号
邮政编码：100733
发行热线：（010）65369527　65369846　65369509　65369512
邮购热线：（010）65369530
编辑热线：（010）65363486
网　　址：www.peopledailypress.com
经　　销：新华书店
印　　刷：三河市中晟雅豪印务有限公司
法律顾问：北京科宇律师事务所（010）83632312

开　　本：710mm × 1000mm　1/16
字　　数：220千字
印　　张：16.5
版次印次：2025年4月第1版　2025年4月第1次印刷

书　　号：ISBN 978-7-5115-8579-0
定　　价：68.00元

卷首语

申论是一种能力叠加型考题模式，综合测查考生的阅读理解、综合分析、提出和解决问题、贯彻执行、文字表达等能力。实际上，申论按考查能力分为综合分析、概括归纳、问题对策、应用文写作、申论写作五大类题型，我们在后面的章节中会逐一介绍各类题型答题技巧，希望助考生一臂之力。

对于考生而言，行测较难拉开差距，而“得申论者得天下”，所以考生务必高度重视申论的提分。考生要想学习效果好，需要遵循学习“三步法”。第一步，上道：考生在专人指引下迅速入门，科学学习；第二步，上手：考生能迅速找到解题的突破口；第三步，上心：考生能科学掌握解题的基本规律和基本思路，达到妙笔生花的效果。

当下，市场上的申论资料浩如烟海，考生一时很难甄选出适合自己的进行备考。如何做好申论答题这篇大文章？申论答题结构如何构建？考生如何在短期内取得高分？本书为广大考生提供了申论指导，助力考生在公考之路上闯关夺隘。

在本书编写过程中，得到社会各界好友的关心与支持，笔者在此一并表示感谢。由于时间仓促，书中难免会有疏漏之处，敬请大家批评指正。

2024 年 5 月

目录

第一章

申论的基本内涵

申论要把高分拿，找出规律是赢家。
审清题意最重要，找出要点是关键。
梳理要点成框架，填充论据不算啥。
规范书写去解答，高分过关闯天下。

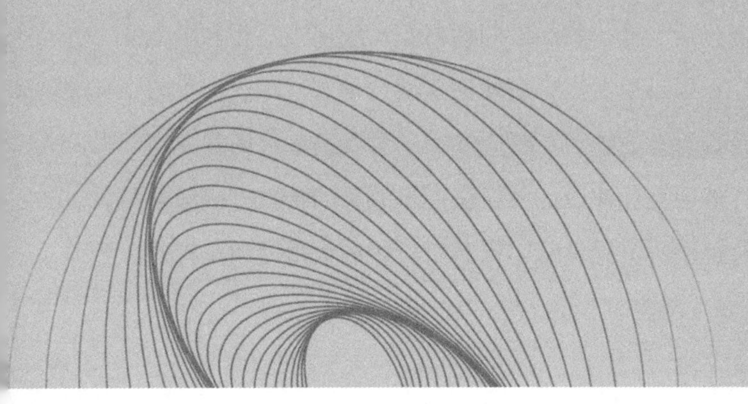

第一节　申论的基本定义

什么是申论？申论包括哪些基本类型？怎样做好申论这篇大文章？带着这样的疑问，我们来具体理解申论和把握申论做题的本质与规律。

“申论”一词，出自春秋时期大教育家孔子所言“申而论之”。从字面意义来理解，“申”为提出、引申、申述等意，“论”为议论、论证。一言以蔽之，申论是指针对特定话题提出自己的观点，并科学、充分运用有效论据展开论述，以达到对观点进行明晰论证的目的。

在我国公务员公开招录和事业单位公开招聘考试的笔试中，申论考试是必不可少的重要环节。申论考试要求考生阅读给定材料，回答有关问题，是考查应试者能力的一种考试形式。

第二节　申论的基本类别

申论在题型上以综合分析、概括归纳、问题对策、应用文写作和申论写作五大基础题型为主。在题目设置上，更倾向于对价值观、理念、思想的考查，多为论证意义、必要性的题目。考生要多了解我国基层的基本情况，例如基层社会治理、基层文化建设、乡村全面振兴等的特点、成绩和存在的问题，多了解政府工作的常见做法，提高对材料的敏感度和作答的准确性。

一、综合分析题

1. 词句理解题。这是申论考试中的一种常考题型，题型特征为对材料中的词或句子的含义进行解释、阐述。首先解释词句的本身含义，其次解释其引申含义，引申含义是在本身含义的基础上对词句进一步的理解和解释。

答题思路：表层含义 + 深层含义。表层含义是指所反映问题或事实的表现，是概括归纳出来的，即字面意思或字面解释。深层含义是指问题背后的深层次原因或对策，是分析推断出来的，即隐含意义或间接意思。

例如：请根据“给定材料 1”，谈谈你对 B 市“一枚印章管审批”的认识；谈谈对“给定材料 1”中“抱回‘金娃娃’，唱好了‘山海经’”这句话的理解；等等。

2. 观点评价题。题型特征为围绕题干中的社会现象或观点进行分析，谈看法、认识、理解等，最终做出自己的判断，得出结论。

答题思路：表态 + 论证 + 总结。

①表明观点（表态）。a. 正确：支持、赞成、理解等；b. 错误：片面、不妥、不支持、反对等；c. 部分正确或不能判断：需辩证看待、有利有弊、尚需核实。（注意：如果明确要求判断正误，则必须表明对或错。）

②论证观点（论证）。材料中对表态有利的信息都是论证依据的内容。

③做出结论（总结）。针对观点或现象提出简单对策，或再次对观点进行肯定、否定或总结。

例如：“给定材料 2”中提到，“这是奋斗者的奖杯，这个奖杯上不仅有我的名字，还有我们团队的名字，其实更应该有国家的名字”，请你谈谈对这句话的理解；根据“给定材料 2”，谈谈你对“现在撤掉的是‘眼中的柜台’，但我们更要在撤掉‘心中的柜台’上下功夫”这句话的理解；等等。

3. 要素分析题。题型特征为对材料中的要素进行分析，一般题干中要分析的要素有问题、原因、影响等，要求进行由表及里、由点到面、系统周全的分析。

例如：根据“给定材料 3”，请分析为什么仙路控股有限公司遇到了“中年危机”，而国欣家居能实现“蝶变”；请你根据“给定材料 2”，谈谈为什么“有村民说，窑洞修复的过程，也是他们从旁观者变成参与者再到传承者的过程”；等等。

二、概括归纳题

概括归纳题主要包括概括题和归纳题。题型特征为题干中会出现概括、概述、归纳、总结、整理等字眼，要求答得全面、准确、简明、有条理。

1. 概括题。概括是把抽象出来的事物的共同本质特征综合起来的过程。概括就是要做到“具象事物抽象化”，比如苹果、葡萄、杧果、草莓、荔枝等，把这些实物进行概括就是“水果”这个词。

①删除。删除与作答任务无关的信息，删除不影响句意表达的信息，删除特别具体的信息，删除修饰性信息。

②修改。删除与作答任务无关的信息后还不能满足题干的要求时，就要用自己的语言对给定材料的内容进行修改。

③灵活应对。在作答时，不能拘泥于“删”和“改”中的某一种，要根据材料的内容进行灵活处理。

例如：根据“给定材料 1”，概括 H 省在开展年轻干部培养工作方面采取的主要举措；“给定材料 1—3”中列举了新时代出现的一些新职业，这些新职业对社会发展起到了一定的积极作用，请用一段话对此进行概括；等等。

2. 归纳题。归纳是指按照事物的特有属性对概括出的要点进行归类，使之有条理性。

注意，题目有具体要求时，要按照题目要求或给定的分类方式进行归纳；题目没有具体要求时，要按照归纳总结材料的逻辑进行归纳。

常规归纳方法有：

①按主体可分为：政府、企业、职业、家庭、个人等。

②按原因可分为：主观、客观。

③围绕一个主体可分为：内部、外部。

④根据要素和表达的不同可分为：好或坏、优或劣、积极或消极、支持或反对等。

⑤按照时间逻辑可分为：事前、事中、事后。

⑥按照空间逻辑，即地理位置可分为：国内、国外等。

例如："给定材料 3"描述了国产品牌在新经济环境下发展的典型事例，请归纳其中的成功做法；根据"给定材料 6"，简要归纳浙江省产业创新服务综合体建设的主要做法；等等。

三、问题对策题

问题对策题的题型特征为要求考生提出对策、建议、措施、思路或改进方法等。

答题思路：显性对策或建议 + 隐性对策或建议。显性对策或建议主要来源于案例材料和观点材料。隐性对策或建议指材料中没有现成的，需要借助自身的经验和知识储备去理性分析、加工，然后进行解决。但要注意对策和建议要有针对性和可行性，即针对问题提出，并且在现有条件下可行。

注意：

1. 答题时先找准"问题症结"，根据问题去提出对策。申论中常出现的问题大致有五个层面，分别是：认识层面、资源层面、规范层面、监管层面和技术层面。只要提出的对策能够匹配你的问题即可。

2. 注意区分“轻重缓急”。题目表述的内容如为应急突发事件，则需要逻辑清晰，做法有先后顺序。

3. 满足“止痒消炎”原则，既要解决当前棘手的问题，又要解决长远的、根本的、本质的问题。

例如：根据“给定材料 1—2”，针对当前互联网协同消费经济存在的问题，提出相应的对策；根据“给定材料 4”，对 Z 市人行道存在的问题进行梳理，并提出解决建议；等等。

四、应用文写作题

应用文写作题的题型特征为题干一般有身份限定，要求撰写发言稿、发言提纲、倡议书、新闻稿、编者按、短评、简报、公开信、通知、宣传稿、感谢信、工作建议等。具体要求可参考最新的《党政机关公文处理工作条例》。答题时要注意格式和内容两个方面。

1. 格式

①标题。分成一行或多行，居中排布，需要换行时，应当按照梯形或菱形排列。常见写法，如“关于 + 事由 + 的 + 文种”。需要注意的是，题干中有给定标题的，直接使用给定标题即可。

②称谓。标题的下一行位置，需居左顶格，后标上冒号。一般根据题目和材料的提示来确定主送机关的称谓，没有明确发文对象时也可省略。

③正文。称谓的下一行位置，每个自然段首行左空两个字，换行顶格排列。根据公文范式标准，文章序次语依次可用“一、”“(一)”“1.”“(1)”“①”，从某一层序次语开始行文即可，可跳用，不可反用。

④落款。在正文下一行右空两个字书写发文机关署名，在发文机关下一行对应位置书写成文日期。除非题干有明确标注，否则用“×年×月×日”或“某年某月某日”代替即可。

2. 内容

①开篇。开篇也被称为导语，必须做到开门见山、简明扼要，不同的应用文开篇内容会有所变化。一般是介绍背景、寒暄问候、解释说明、发文目的或主题引入等内容。发文目的或主题为必备项，其他内容如果材料中没有则可以不写。成绩和问题不作为重点内容书写时，可以放到开篇中。

②主体内容。主体内容包含成绩、问题、原因、影响、对策等要素。按照“是什么—为什么—怎么办”的逻辑整理成文。是什么，可以是现状、问题或成绩；为什么，可以是原因分析（有利或不利）、影响分析（意义或危害）；怎么办，可以是具体举措或对策。

③结尾。结尾也被称为结束语，主要作用是承接全文，做到首尾呼应。可以是一句话或一个段落，字数条件不允许时，也可以用对策段作为文章的结尾。

我们列举两种结尾方式：

a. 总结式结尾，即对文中的观点和内容再次进行总结，起到照应全文、加深印象、明确主题的作用。

b. 号召式结尾，用铿锵有力、催人奋进、引起共鸣的句子起到号召的作用。号召式结尾适用于要求“感情真挚”“有感染力”的题目，例如倡议书、短评、新闻稿、座谈会发言等。

例如：假如你是调研组成员，请根据“给定材料 2”，围绕 A 省在优先保障就业方面值得肯定的做法写一份调研报告提纲；S 市将举办“城市样板工程展示会”，请你根据“给定材料 5”，就其中地下管廊建设情况撰写一份讲解稿；等等。

五、申论写作题

申论写作题型特征为要求考生根据材料里的一句话、一个观点或者指定的题目，撰写一篇文章，做到观点明确、立意深刻；思路清晰、语言流畅；参考给定材料，但不拘泥于给定材料；不少于 1000 字或 1200 字。

申论文章必须遵循“立足材料、材料为王”的作答原则，一般采取“三论五段”式进行创作，“三论”即总论—分论—结论。“五段”即首段，俗称“凤头”；中间段，俗称“猪肚”，分为三个分论点；结尾段，俗称“豹尾”。

1. 标题。标题俗称“猫眼”。“题好一半文”“读书先读皮，看报先看题”，可见标题对于一篇文章的重要性。标题立得好，能让文章更加出彩、亮眼，让读者意犹未尽。文章标题具有多重功能，如体现文章观点或主旨；激发读者兴趣，使读者有迫不及待要去阅读的冲动；反映文章内容；等等。

标题为对称或疑问等形式的，有时表达力度更强、更有感染力，例如：按规律办事，按规矩做事；躺平不可取，躺赢不可能；幸福的歌声，希望的田野；最可靠的主心骨，最可爱的人民；一窗办多事，一网可通办；等等。

标题要求精练、得当，能够体现论点。例如：主题 + 内涵——《自我革命：管党治党时代课题的系统破解》；主题 + 影响——《自我革命引领时代走向未来》；主题 + 原因——《为什么要自我革命》；主题 + 对策——《怎样推进自我革命》。

2. 开篇。破题，用一两句话点明题意或解释说明论点。承题，承接破题对话题做进一步说明、推断或评价。立意，用一两句话表明自己的主张。

例如：社会养老保险政策，是为解决劳动者在达到国家规定的解除劳动义务的年龄界限，或因年老丧失劳动能力退出劳动岗位后的基本生活问题而建立的一种社会保险政策。

破题：如今，中国政府越来越重视人口老龄化问题，积极发展老龄事业，养老政策的制定与实施无疑是解决社会养老问题的一剂良药。

承题：我国实施积极应对人口老龄化国家战略，这为养老政策确定了大方向。发挥社会政策的托底功能，必须优化孤寡老人服务，推动实现全体老年人享有基本养老服务。

立意：养老服务体系建设是一项系统工程，从加强家庭养老和社区养老，到深入落实基本养老保险全国统筹，从加快推进公共场域适老化改造，到更加注重满足老年人的精神文化需求，都需要家庭、政府、社会组织等多主体责任共担、协同努力。持续提升基本养老服务能力，让更多老年人享有幸福美满的晚年。

3. 主体论证。写作形式是正反论证相结合。

①正面论证：通过论据来证明论点的正确性。

②反面论证：从论点的对立面入手，借助逆向思维证明其他论点的错误，体现本论点的正确。

例如：想象力是人类创新的源泉，在创新领域取得杰出成绩的人，大多从科学、艺术和古文化中汲取了一些想象力养分。

正面论证：如专家建筑师罗隽博士，致力于建筑形式和功能模式的创新。他在建筑设计创新中融入音乐艺术的灵感，在建筑功能创新上结合古建筑文化的厚重积淀和哲学感悟，深入挖掘文化中具有永恒价值的元素作为自己的建筑语言体系。他设计的作品获得世界上最具声望的建筑奖项之一——国际建筑奖。缺失了科学、艺术和古文化的滋养，想象力的培养将受到很大的制约。

反面论证：有些地方虽致力于特色小镇建设，却没有了解本地特色。在没有科技和艺术知识积累的情况下进行开发，结果就是对地方传统特色文化挖掘不够，特色小镇变成了“模仿”小镇。

4. 结尾。

一篇文章的结尾是对全文的总结和升华，好的结尾简明有力，余音绕梁。结尾主要完成两项任务：

①收束全文。收束全文是结束或收尾一篇文章，使文章的结构完整，我们将其简称为“束”。“束”可以是对文中众多观点的综合，也可以是对全文观点的概括性总结。

语言表述形式一般有：总之，既要……，又要……；综上所述，只有……才……；等等。

例如：新时代是一个需要理论而且一定能够产生理论的时代，是一个需要思想而且一定能够产生思想的时代。习近平文化思想深刻回答了新时代我国文化建设举什么旗、走什么路、坚持什么原则、实现什么目标等根本问题，既有文化理论观点上的创新和突破，又有文化工作布局上的部署和要求，明确了新时代文化建设的路线图和任务书，在我国社会主义文化建设中展现出了强大力量。

②加深印象。加深印象一般是在总结的基础上进行略微扩展，我们将其简称为“展”。“展”是在“束”的基础上进行的，其目的在于引发人们对现实的深思，倡导某种正确的理念或行为，憧憬未来，给人带来希望。

例如：“一切向前走，都不能忘记走过的路”。走在今天的光明大道上回望过去，更让人深感前人开辟道路、探索新路是多么艰辛和不易。新征程上，我们要保持强大的前进定力，坚持与时俱进，拓展中国特色社会主义道路，既不走封闭僵化的老路，也不走改旗易帜的邪路，谱写习近平新时代中国特色社会主义更加绚丽的华章。

申论经验之谈

提振信心最重要，思想杂念脑后抛。
日积月累增知识，妙笔生花莫非它。
方法技巧明思路，解题肯定不糊涂。
撸起袖子加油学，公考路上你最潮。

第一节　申论学习必备“三大要素”

对于考生来讲，笔试中的申论部分是“重头戏”，必须具有坚定的信心、拥有丰富的知识和掌握科学的答题技巧。可以说，信心是前提，认知是基础，方法是手段。考生具备这三点，就能够在笔试环节的申论考试中过关斩将，实现蟾宫折桂。

一、具有坚定的信心

依靠学习成就梦想，也必然依靠学习走向未来。原西安交通大学校长王树国曾说：“仰望星空，追逐梦想，心中要有理想、有目标、有追求。人不能没有追求，没有追求就丧失了前进之动力，失去了生命之价值。我不去想是否能够成功，既然选择了远方，我只顾风雨兼程。”我想对各位考生说：“热爱你所热爱的，并为之付出激情和专注，自有一路花开。”考生既然选择走考公之路，步子就要稳、心态就要好，做到下定决心。考公路上难免会遇到挫折与困惑，必须保持良好心态，立下“海到无边天作岸，山登绝顶我为峰”的凌云壮志，并坚信自己的努力一定能够得到回报。

桃李春风一杯酒，江湖夜雨十年灯。你在公考路上或许步伐轻盈，或许负重前行。你要过往不杂不乱，初心依旧不改，把握当下，用好“现在”，俯身耕耘，笔耕不辍，未来可期。

二、拥有丰富的知识

考生要想申论取得高分，必须储备知识，做到“满腹经纶”。首先，学会收集整理一些高分素材。可以按照不同专题进行分类整理，比如人民民生、生态文明、文化传承等，主要从《人民日报》《求是》杂志等权威刊物中获取。其次，掌握申论的五大类型，尤其是应用文写作的基本格式与内容，考查考生如何从政府思维角度贯彻执行政策处理公文的能力。比如，发言稿、调研报告提纲、宣传稿、短评等。

获取知识的手段与途径包括：

1. 通过阅读《人民日报》《求是》杂志等，通过“学习强国”等网络平台有效获取。

2. 按照不同主题类别积累知识素材，如人民主体、生态文明、科技创新等。

3. 科学掌握马克思主义基本原理，坚持和运用马克思主义世界观和方法论。

三、掌握科学的答题技巧

申论取得高分的关键在于掌握科学的答题技巧，这是申论做题的核心与精髓。当下，存在一些人把申论“妖魔化”，恰恰是因为没有掌握申论做题的规律。

1. 综合分析题。主要从是什么、为什么、怎么办 / 成效等结构去分析。一般情况下，主要从表层意思和深层意思去理解和分析。

2. 概括归纳题。善于从具象化事物中提炼出抽象化的观点。同时把握住要点的全面性和逻辑结构的严谨性。答题的关键是从材料中把相关内容梳理出来，而不是仅凭自己的学识拼凑出来。

3. 问题对策题。此类题型相对简单，题型基本是梳理出存在的问题并提出相应解决对策或意见建议。注意：一个问题对应一个对策或措施，切忌问题 123，对策或措施 123。

4. 应用文写作题。主要考查考生从政府思维角度对应用文格式和内容的把握程度。公文格式和内容相对固定，考生只要掌握方法技巧即可。

5. 申论写作题。申论写作是考生得分最为关键的环节。此类题型主要考查综合写作能力，考生一定要给予高度重视。申论作文撰写建议在专业老师的指导下学习效果会更好。申论文章的构思一定要依据但不拘泥于给定材料，换言之，要从给定材料中提炼出分论点。文章如何立意，分论点如何确定及文章如何展开论述，这些都有一定规律性。当然，申论作文最忌讳跑题。

第二节 申论学习坚持“三步走”

考生申论要想取得高分，必须做到：在博览群书中实现开卷有益，在笔耕不辍中实现妙笔生花。

（一）建构体系，形成思维定式。整理申论的各种题型和答题规律，只有摸清申论出题套路，才能做到有的放矢。

（二）强化练习，做到把握规律。收集整理历年国考真题，重点根据报考地区的历年真题进行有针对性的练习，找出出题人的命题特点和规律，做到举一反三。要注意的是，对于做过的题目进行复盘，将自己所写的答案与参考答案进行分析对比，找出差异。

（三）积累素材，做到事半功倍。平时多积累，如重要会议和讲话精神素材，写作就会如行云流水。

第三章

申论备考技巧

吃透历年真考题，题型变化都找齐。
抓住题型多变化，找出规律是赢家。
关注形势与变化，解题必不可少它。
政治站位那得有，分数肯定高一筹。

第一节　吃透历年真题

对于公务员考试来说，历年真题无疑是考生通过实战来把握命题规律、了解题型变化情况、储备热点知识、提高作答能力的最好素材，也是考生复习备考的必备资料。因此，考生准备申论考试时，要选择、收集、整理历年考题，不仅要掌握本省内的，还需对其他省份的历年真题进行分析，明确同一材料在不同省份的出题方式和命题规律，才能做到“知己知彼”“胸有成竹”。

从历年真题中找到出题人的命题规律是至关重要的。比如，2020 年重庆市公务员申论试题（一卷）第一题：“‘给定材料 2’中提到，‘这是奋斗者的奖杯，这个奖杯上不仅有我的名字，还有我们团队的名字，其实更应该有国家的名字’，请你谈谈对这句话的理解。”该题侧重考查考生的综合分析能力。2020 年江西省申论试题（省级卷）第四题：“‘给定材料 5’中提到，‘这是奋斗者的奖杯，这个奖杯上不仅有我的名字，还有我们团队的名字，其实还应该有国家的名字’。根据你的理解，参考给定资料，以‘人生的奖杯’为主题，联系实际，自拟题目，写一篇文章。”该题侧重考查考生的申论写作能力。大家可以看出，同一主题的材料可以从不同的角度进行出题，既可以出综合分析题，也可以出申论写作题。

这一材料还分别考查过综合分析——企业家成功的启示；概括归纳——企业家精神的内涵；贯彻执行——企业家在座谈会上的发言；以及申论写作——人生的奖杯。通过做各省历年真题，考生能更直观、更全面地了解出题思维，进而大幅提升做题准确率。

第二节 关注时事热点

不论是省考还是国考，其申论试题的命制都与国内时事紧密结合，申论试题是在一定时代背景下进行命题的。社会热点包括：新时代文化的传承与创新、现代化产业体系、农业高质量发展、乡村振兴、政府政务服务、新质生产力、科技创新、基层治理等。

习近平总书记重要讲话和党的二十届三中全会精神是申论考查的重点内容。2023 年 9 月，习近平总书记在黑龙江考察时首次提出“新质生产力”这一崭新的概念，此后又在多个重要场合做了深入的论述和部署，为我国经济发展开辟新领域新赛道、塑造发展新动能新优势提供了科学指引。在中共中央政治局召开的学习贯彻习近平新时代中国特色社会主义思想主题教育专题民主生活会上，习近平总书记对树立和践行正确政绩观作出深刻论述、提出明确要求。广大党员干部要深入学习贯彻习近平总书记关于树立和践行正确政绩观的重要论述，在新征程上努力创造经得起实践、人民、历史检验的实绩。2023 年 10 月，一场重要会议——全国宣传思想文化工作会议在北京召开。会议最重要的成果，就是首次提出习近平文化思想。2024 年 7 月，党的二十届三中全会召开，全会听取和讨论了习近平受中央政治局委托所作的工作报告，审议通过了《中共中央关于进一步全面深化改革 推进中国式现代化的决定》，等等。

例如，2024 年国考申论试题（副省级）：“给定材料 5”中提到“我们要用积极的态度对旧物的价值进行最大挖掘，让它们重新焕发生机”，请你对此进行深入思考，参考给定材料，联系实际，自选角度，自拟题目，写一篇文章。要求：（1）观点明确，见解深刻；（2）参考给定材料，但不拘泥于给定材料；（3）思路清晰，语言流畅；（4）1000—1200 字。

再如，2025年国考申论题目（行政执法）：请你对“给定材料5”中提到的“为群众办好事”“让群众感到好办事”“把群众的事办好”进行深入系统的思考，联系实际，自拟题目，写一篇文章。要求：（1）观点明确，见解深刻，内容充实；（2）参考给定材料，但不拘泥于给定材料；（3）思路清晰、语言流畅；（4）1000—1200字。

把握趋势，方能迎头赶上；关注时代，方能逐浪潮头。公务员申论考试一般紧随经济社会发展形势，考查主题具有较强普遍性、时代性。申论给定材料中列举的案例与百姓生活息息相关，考生并不陌生，但要理解其主旨和深意，就不太容易了。这就要求考生平时关注时政热点和时事评论，并勤于思考。

面对申论考试，只有明晰专家思维，把握其义理，理解其实质，才能有所提升，不断进步。

第三节　找准答题技巧

“到什么山，唱什么歌”，这句话对于回答面试题目来说适用，对于回答申论题目来说依然适用。考生如何在有限的时间内，从大量材料中高效地提取关键信息，并结合自己的理解进行作答？申论答题主要包括三个阶段，即审清题干、梳理思路、组织材料。

一、审清题干

考生在做申论题时务必审清题干，否则就会偏离主题方向。要提炼关键信息：仔细阅读材料，找出关键信息，并删掉修饰的内容，留下主干。

申论题干一般包括主题、身份、指定范围、内容、文种、要求等。主要做到“四审”，即审给定范围、审主题内容、审文种类别、审作答要求。

例如：A 省有关部门准备在全省留守儿童比较集中的学校推广“爱心爸妈”活动，并倡议社会各界爱心人士积极参与。请你结合“给定材料 7”，拟一份倡议书。作答要求：（1）内容全面，逻辑清楚；（2）结构完整，符合倡议书的特点；（3）文字通顺，有感染力；（4）不超过 500 字。

本题中，审给定范围，指考生阅读的材料范围，只需要针对材料 7 进行阅读；审主题内容，指材料的中心主题，即在全省留守儿童比较集中的学校推广“爱心爸妈”活动；审文种类别，指什么类型的文种，即拟一份倡议书；审作答要求，指对材料内容、结构、字数等方面的规定。

二、梳理思路

立足材料内容，精读全部材料，标注段落，画出关键词句。坚持整体性、关联性原则，从中归纳概括每一部分内容核心点（尽量提炼出字数相同的分论点）。例如：记者调查发现，某路近年来的增长基本来自几款多年前的老产品，而非新产品。某路鲜汁这个单品几乎撑起了某路的大半个江山，但鲜汁属于可替代产品，消费者对此类产品容易喜新厌旧。一位消费品行业专家告诉记者，某路的第一代产品主要来自外国技术转移，借助中国经济快速发展和繁荣的东风，大胆生产扩张才取得后来的成绩。遗憾的是，一直以来，它主要依赖代工思维做品牌。如今，旗下主要品类经过多年发展，市场已经接近饱和，产品很难再有增量，业绩下滑在所难免。

这段话主要概括某路公司面临“危机”的原因。对于这段话，首先，我们找出关键词句：老产品、非新产品、可替代产品、外国技术转移、市场已经接近饱和、产品很难再有增量等；其次，我们根据找出的关键词句提炼出分论点：缺乏创新意识、依赖代工思维。

三、组织材料

整体理解和把握材料，分门别类地对提炼的核心点进行系统化概括梳理，形成分论点。然后，将分论点分别罗列出来，并充分运用相关论据材料进行补充。换言之，做到逻辑思路清晰：在组织答案时，注意逻辑顺序，确保条理清晰、层次分明。同时做到语言表达规范：在书写答案时，使用规范的申论语言，避免口语化和非正式表达，确保专业性和权威性。

仍以前一段材料为例，梳理思路后整理如下：1. 缺乏创新意识。品牌老化，产品更新慢，主打产品属于可替代产品。2. 依赖代工思维。主打产品主要来自外国技术转移，如今旗下主要品类经过多年发展，市场接近饱和，产品很难再有增量。

申论试题剖析

抓住题干先审题，从中分析其问题。
带着问题去阅读，梳理答案不犯愁。
构建答题好思路，结构明晰不困难。
答案罗列一二三，拿下高分最简单。

对于备考的考生来讲，要做到有的放矢，练习历年真题是明智之举。考生主要针对报考地区（对比其他省份申论材料）的申论出题特点、类型、主题等要素科学筛选申论材料，把握材料规律，掌握答题技巧，短时间内或许就能提高申论分数。

第一节 综合分析题

材料 1:（词句理解题）2020 年山东公务员考试申论试题（A 类）

行政审批制度改革和政务服务改善，是助力一个城市高质量发展的重要因素。近年来，B 市行政审批服务坚持以人民为中心的发展思想，制定了“1234+N”的三年工作计划，即“一年基础规范、两年创新改善、三年品牌突破”的工作思路，实施创新发展、标准规范、协同推进和智慧引领四大战略，努力实现“省内领先、国内一流”的目标。（背景介绍）

2018 年底，B 市为相对集中行政许可权改革推出关键举措，市行政审批局挂牌成立，陆续承接 27 个部门的 262 个行政审批服务事项。2019 年 4 月，市行政审批局正式办理划转业务，开启“一枚印章管审批”政务服务新模式。（“一枚印章管审批”的提出）同年 9 月，B 市出台《关于推进制度创新加快流程再造，实现“在 B 市全办成”的实施意见》，创造性推出了“一窗办、网上办、就近办、简化办、舒心办、督着办”的服务举措，成为该市提高审批服务水平、优化营商环境的行动纲领。（创新发展）围绕“在 B 市全办成”服务品牌建设，B 市实施“窗口无否决权”机制，努力实现“一次办成”，全力营造“审批有速度、服务有温度”的政务服务环境。（标准规范）与此同时，创新实施内部业务、横向部门、纵向层级和社会多元主体的“四维协同”机制，逐步完善适应改革要求的行政审批服务新机制，变审批服务“一家办理”为“多元服务”，为审批服务高频顺畅运转提供了有力保障。（协同推进）在这里，办件人体验着“车间流水线”式的审批服务，感受着窗口人员亲人般的问候；在这里，“一枚印章管审批”，让企业能够腾出更多精力，轻装上阵；在这里，办件人有事就办，高效便捷。（具体举措）

为进一步推进工作，B 市行政审批局工作人员采用事先介入的办法，在官网上提早发布《一次性告知清单》，让群众清清楚楚地知道需要准备的资料有哪些。资料准备好后，申请人可直接在线办理相关事项，所需资料可拍照上传提交。资料上传后，行政审批局通过内部“流水线”的方式进行审核，审完一证出一证。在踏勘环节，该局组织审批一科、二科“联合跑”，大幅提升工作效率。除“网上办”外，还推出了“流动审批”，不定期在辖区各商务楼宇开展集中审批服务，企业从递交资料到办结发证平均不到 1 个小时。针对市民，该局开发了手机应用程序，将与市民生活相关的 213 个政务服务事项“掌上化”，实现了办理审批的“触手可及”。（智慧引领）“现在政府行政审批效率真是高”，许多办事群众由衷为行政审批局的工作点起了赞。（具体举措）

Q 公司是一家专门从事商业装修工程的装饰公司，该公司承接的某购物中心装修装饰工程施工许可证是首张加盖“B 市行政审批局”公章的施工许可证。公司负责人对 B 市相对集中行政许可权改革带来的便利深有体会：“过去，公司办理一个项目的施工许可，往往要跑好几个部门，走好几道程序，交好几套材料，有时材料不全，还得来回反复，所有程序跑下来，会耽误不少工期，影响工程进度。没想到这次正好赶上政策改革，现在只需要根据行政审批局网上的材料清单，通过网络一次性提交，行政审批局在线核验就可以了，连窗口都不用跑了。核验通过后，行政审批局会通过快递将施工许可证邮寄给我们，这比以前省下不少时间，真是太方便了！”（以具体实例论证介绍“一枚印章管审批”）

B 市通过审批“瘦身”、权力下放、清单公开等一系列举措，为顺利开展事项划转、实现“一枚印章管审批”，优化改善服务等奠定了坚实基础。该市行政审批局挂牌运行一年多来，共受理审批服务事项 21 万余件，按时办结率 100%，群众满意度名次连续位居前列。B 市市场活力持续迸发，累计培育国家级高新技术企业超 700 家，上市企业 11 家，成为省内的产业大区和创新强区，市场主体增速居全省第一。（效果总结，即“一枚印章管审批”取得哪些成效）

◎问题

请根据“给定材料 1”，谈谈你对 B 市“一枚印章管审批”的认识。要求：观点明确，认识深刻，思路清晰；不超过 350 字。

◎答题思路

1.“一枚印章管审批”是……，这种做法值得肯定。

2.“一枚印章管审批”的具体举措：①创新发展；②标准规范；③协同推进；④智慧引领。

3. 取得哪些成效。

◎答题范例

“一枚印章管审批”是相对集中行政许可权改革推出的关键举措和政务服务新模式，通过审批“瘦身”、权力下放、清单公开等一系列举措，实现“一枚印章管审批”，这种做法值得肯定。

过去，B 市政府部门权力分散、审批流程复杂、服务效率不高等问题突出。对此，B 市开启“一枚印章管审批”政务服务新模式。

1. 创新发展。出台实施意见，创造性推出服务举措。

2. 标准规范。实施“窗口无否决权”机制，努力实现“一次办成”，全力营造“审批有速度、服务有温度”的政务服务环境。

3. 协同推进。实施“四维协同”机制，变审批服务“一家办理”为“多元服务”。

4. 智慧引领。采用事先介入的办法进行“网上办”，开发手机应用程序，实现办理审批“触手可及”。

通过实施“一枚印章管审批”，真正让政府形象持续提升，让群众满意度持续提高，让市场活力持续迸发。

材料 2:（词句理解题）2018 年国家公务员考试申论试题（副省级）

以下是专家意见摘录。

人类经过了农业时代、工业时代，进入了现在的互联网时代，接下来的时代应该是“想象力经济时代”。设计师将是那个时代的主人。

2016 年，一场以“创造不可能”为主题的全球创新设计大会走入了人们的视野。数十位设计大咖通过对时代痛点与未来发展趋势的解读与畅想，让我们第一次了解了“新物种”、“爆款计划”以及“想象力经济”这些概念中隐含的巨大价值。中国领先的创新设计平台，则以“众创”的模式推动想象力向生产力转化，致力于用设计创造更多经济价值。（是什么）

这里面所体现的“共享设计”的理念，激发了个人创造力的觉醒，并由此引领设计新风潮。这一全新理念，意在打造一个集企业、用户、设计师于一体的共享生态圈，同时使设计上升到了一个“众创”的维度，赋予每个参与者以创造者和受益者的双重身份，由此推动想象力的价值链实现最大化的延展。

让想象力产生价值乘数效应，这正是“众创”所希望的结果。共享价值的实现，激励了更多人加入共享设计生态圈。

设计师可以通过与用户进行交流汲取全新的创意灵感，与企业沟通将设计转变为惠及大众的创新产品。企业家也有机会向用户展现自身的创意产品，聆听他们的想象进而洞察他们的需求，让具有创造力的设计师助力企业的产品创新，进而创造更大的商业价值。

当设计师解读用户需求，并对产品进行重新创作，优秀的产品便产生了，这个产品再造并走向市场形成商业价值的过程，就是想象力经济的落地体现。想象力经济的本质正是将人的创新精神转化为商业价值的过程。

想象力是消费升级的原动力，消费升级反映了消费水平和发展趋势，让消费者为内心的归属感买单，其突破口在于找到消费者真正的欲求。

每个时代都会出现某种经典产品来推动社会的发展和变革，互联网时代出现的是手机、电脑等终端产品，智能时代出现的是智能机器人。智能机器人普及后，对人类来说，想象力将会成为下一个时代的主导，设计师将成为推动社会进步的重要力量。

互联网技术的进步使万物产生共联，共享经济的产生让社会资源得到优化配置。个体创造力的连接与共享是想象力经济发挥价值的基础。个人创造力的觉醒、企业创新力的横空出世推动想象力成为未来经济发展的新驱动力。而创造力共享让每一个天马行空的创意设计变现，从而创造更多颠覆时代的爆款产品，充分挖掘设计师个体的价值。

只要拥有想象力，敢于创新，就有可能迎来想象力经济的时代。

◎问题

根据给定材料 2，谈谈你对“想象力经济”的理解。

要求：（1）准确、全面；（2）不超过 200 字。

◎答题思路

本题是谈谈对“想象力经济”的理解，这是一道典型的词句理解题（综合分析题）。我们需要在材料中找到“想象力经济”是什么意思，并且还要在材料中找到与“想象力经济”有关的要素，包括“想象力经济”产生的背景、产生的原因、带来的影响以及对策等方面。具体为：一、想象力经济的内涵；二、想象力经济的具体表现；三、想象力经济的实现路径。

◎答题范例

想象力经济是指通过众创模式实现想象力向生产力转化，以设计创造经济价值。具体表现在打造企业、用户、设计师参与共享设计生态圈，赋予参与者以创造者和受益者的双重身份，以激发个人创造力，引领设计风潮，实现想象力价值的乘数效应。本质在于解读用户需求，重新创作产品，将人的创新精神转化为商业价值，实现消费升级。其基础为互联网技术、共享经济和智能机器人的普及。

因此，要挖掘社会的想象力，形成敢于创新的氛围。

材料 3:（词句理解题）2018 年国家公务员考试申论试题（副省级）

日前，“D 市杯”国际工业设计大赛举行了颁奖典礼，共有海内外 20 多项设计从 3000 多件参赛作品中脱颖而出，拿下各项大奖。

D 市共举办了 11 届国际工业设计大赛。本届大赛更突出了设计资源与产业对接，开展了设计师对接会、工业设计成果展等一系列活动，共征集到参赛作品 3255 件，最后评出概念组金奖 1 名、银奖 3 名、铜奖 6 名，以及产品组金奖 1 名、银奖 3 名、铜奖 6 名。

一位教师此次拿到概念组金奖。这是一组适合中国人烹饪习惯的智能炊具，名为“美味中国”。“中国人烹饪讲究火候，蒸鱼是蒸 5 分钟还是 8 分钟？这个时间往往不好把握，但温度可以最直观体现。”这个锅的最大秘密是手柄一按就可以分离，能自动检测锅内温度，不会让蒸煮、炒菜出现“口感太老”“偏生”等问题。这位教师称，这个手柄未来甚至可以与普通的蒸锅、电磁炉等搭配，市场空间非常大，相比概念复杂、功能冗余的各种智能化产品，这种①简单而实用的设计才能真正改变生活。而产品组金奖作品是一套沙发，这套沙发的设计体现多功能，拼接组合适应各种户型。

现场众多专家认为，D 市年年举办工业设计大赛，品牌效应已经很强，吸引了国内外越来越多的年轻设计师关注，不少实用化、智能化的工业设计，堪称惊艳，这是一笔有待进一步挖掘的宝贵财富。

“现在，已经不是科技推动设计的时代，而是设计推动科技的时代。”此次设计创新高峰论坛上，著名设计顾问 H 教授做了主题演讲，谈到了作为典型的工业大市，D 市要学会用设计推动技术创新、产品创新，借用人的“慧”，打造物的“智”，将工业技术和设计创新深度融合。H 认为，好的设计师应该思考满足人们的实际需求，改善人们的生活质量。而更高明的设计师，则要关注人类，关注生存环境，应该思考人与产品、与大自然的关系（对策 1）。谈到中国设计的发展，H 指出，中国的设计师应该多研究吸收中国人的传统文化（对策 2），比如在设计中国的传统建筑或家具时，应该更多地去中国传统文化中寻找灵感。这并不意味着在一个现代物品上印几个传统图案就行了，而是要真正去体味中国传统文化蕴含的智慧和美。

工业设计协会的 Y 教授说，此次获奖作品很多是智慧生活类产品的设计，这构成了工业设计的一种方向。中国如今的产品从外观和结构设计上已经不错了，可以说是“四肢发达”“体格健壮”，有很好的基础，但就是缺点儿“脑子”，也就是②智能化水平较低。现在迫切需要的就是往这些健壮的铁疙瘩身上植入“大脑”。智能化、交互化成为人类生活的必需，也成为工业设计的关键词。比如，我们开发了一个核心智能化系统，叫作“多行业嵌入式技术”。拥有了这种核心技术，再通过合理的设计，加上不同的外壳，就可以把它变成割草的、扫地的、清洗游泳池的全自动机器。只要你想得到，它甚至可以装到任何产品当中去。这就是③服务创新的发展方向。④服务设计就是数字化与用户体验的交互，就是在产品中融入时间、情感等因素（对策 3）。未来真正的“智造”，一定需要智能化、交互化的工业设计。

◎问题

根据给定材料 3，请你对画线句子“借用人的‘慧’，打造物的‘智’”加以分析。

要求：（1）观点明确，紧扣材料，有逻辑性；（2）不超过 300 字。

◎答题思路

总体解释（是什么）—具体分析（为什么）—对策结论（怎么办）。总体解释即点明这句话的本质含义，可对其中的关键词进行解释说明，或者结合上下文进行阐释，形成答案；具体分析则需要考生依据材料内容进行深入阐述，了解观点或语句的背景信息以及目的意义等，主要表现为分析事物的现状、原因、影响等，以具体材料内容为依托，全面挖掘并提炼出关键信息，梳理要点；对策结论即作出结论或提出对策，通常采用“因此”“综上所述”“由此可得”等标志性词汇，以使答案首尾呼应、清晰明了、重点突出。

总体解释（是什么）：1. 人的“慧”：人（设计师）的灵感、想象；2. 打造方式：用设计推动技术创新、产品创新，将工业技术和设计创新深度融合；3. 物的“智”：实用的智能化产品。具体分析（为什么）：1. 工业设计只有简单而实用，满足实际需求，才能真正改变生活；2. 产品外观和结构设计上基础较好，但智能化水平较低；3. 智慧类产品是工业设计的方向，市场空间大，迫切需要产品服务创新；4. 当前设计推动科技迭代，实用化、智能化、交互化是工业设计的关键。对策结论（怎么办）：1. 设计师要满足人们的实际需求，关注人类、生存环境，思考人与产品、与大自然的关系；2. 要多研究吸收中国人的传统文化；3. 要注重用户体验，在产品中融入时间、情感等因素，实现产品的智能化、交互化。

◎**答题范例**

一、要充分发挥人的想象力，用设计推动技术创新、产品创新，将工业技术和设计创新深度融合，打造真正实用的智能化产品。

二、当前，我国的产品在外观和结构设计上基础较好，但智能化水平较低。而工业设计只有简单而实用，满足实际需求，改善生活质量，才能真正改变生活。在当前设计推动科技的时代，实用化、智能化、交互化是工业设计的关键，智慧类产品是工业设计的方向，且市场空间巨大。

三、因此，设计师要关注人类、生存环境，思考人与产品、与大自然的关系，多研究吸收中国人的传统文化，要注重用户体验，在产品中融入时间、情感等因素，用丰富的想象力赋予工业产品“智慧”，实现产品的智能化、交互化。

材料 4:（观点评价题）2020 年安徽公务员考试申论试题

BD 药业是一家在全球肿瘤药物领域拥有多项核心自主知识产权的高科技公司。说起 BD 药业的故事和梦想，公司董事长兼首席执行官丁先生有很多的感慨。

2002 年，借着国家政策鼓励留学人员回国创新创业的东风，（国家层面：政策支持）留洋十年的丁先生背起行囊，与几位合伙人一道回国创业。就在第二年，BD 药业成立，开始追逐“做创新药”的大梦想。有人说，丁先生身上有不少光环，比如国外著名大学的医学博士、执业医师等，回国创业就意味着放弃了优越的生活条件、高额的薪水，白手起家，做出这个抉择很需要勇气。而在丁先生看来，这个选择顺理成章：“像我们这些知识分子，大多数还是有故土情结的，总是梦想着科技兴国。”除了游子的思乡情结，还有一点对丁先生来说非常重要——国家鼓励海归创新创业，在国内可以做到在国外做不到的事。他说，在国外，科学家只能做药物研发的某一部分工作，很少有几个科学家合作完成一个新药所有的研究，并将其产业化，只有在中国才有这种机会。（个人层面：个人的奋斗）

与很多企业选择做仿制药不同，BD 药业一开始就立志做新药，要在全球药业竞争中拥有完全自主知识产权。虽然面临各种技术难题、资金链断裂等“生死劫”，但有志者事竟成，在相关部门的支持下，BD 药业克服了重重困难，最终取得了成功。他们研制的抗癌药获得国家颁发的新药证书，成为我国首个具有完全自主知识产权的同类抗癌新药。该药还被列入国际权威机构发布的新药研发年度报告，成为第一个获得国际机构认可的中国创制新药。（国家层面：政策支持）

2016 年 1 月 8 日对于丁先生来说很特别，也很难忘。这一天他作为 BD 药业相关项目的第一完成人，在 2015 年度国家科学技术奖励大会上捧起了光荣的奖杯。“这是奋斗者的奖杯，这个奖杯上不仅有我的名字，还有我们团队的名字，其实更应该有国家的名字。”当时，在深冬北京的暖阳中，丁先生郑重地一手拿着大红证书，另一手举起奖杯，站在北京人民大会堂前拍了一张照片。这是国家对 BD 药业创新能力的巨大肯定。

“拥有自主创新，才能拥有话语权。”丁先生常说，“要真正把中国的医药产业发展起来，得把中国人用药的话语权掌握在自己手里。”

近年来，BD 药业飞速发展，其源源不绝的动力就来自“创新”二字。自主研发是 BD 药业的看家本领，丁先生表示，“我们正不断加强自主研发这一块。有自主研发做保障，我们就有底气开拓市场和开展合作。”BD 药业把眼光投向全球，通过与国际知名医药企业合作，及时掌握国际市场信息，在全球的抗肿瘤药物市场中奋勇开拓。（团队层面：企业协作）

如今，丁先生又种下了一颗新的梦想种子——以 BD 药业为基础，打造一座“医药梦工场”，搭建更大的创新平台，为医药产业的快速发展打造新引擎。丁先生说，这是一个为科学家、创业者造梦圆梦的项目，目标是打造一个具有国际先进水准的生物医药专业众创空间。未来，这里也将集聚一批医药领域的创业者。

研制新药去拯救病患，搭建创新平台去服务全行业。丁先生说，这些都出自一个企业家的担当："我们脑子里想得更多的是新药研发，以及企业的未来发展。"作为过来人，丁先生还想告诉创业者的是，企业家要有企业家的担当，企业家既要有仰望星空的格局与胸襟，也要有坐住板凳的定力与意志。"就拿我们医药行业来说，与一般的制造业不同的是，医药行业一方面与老百姓的身体健康密切相关，另一方面新产品的研发时间长、投入大、失败的风险高，要成功很难。"经历了风风雨雨，丁先生一直坚持"做老百姓吃得起的好药"，还对符合相关条件的患者免费赠药，赠药数量甚至超过了销售数量，这就是一位企业家的社会责任心。胸怀远方，迎接岁月的磨砺，才有了如今的 BD 药业。

◎问题

"给定材料 4"中提到，"这是奋斗者的奖杯，这个奖杯上不仅有我的名字，还有我们团队的名字，其实更应该有国家的名字"，请你谈谈对这句话的理解。

要求：准确、全面、有条理，不超过 250 字。

◎答题思路

对句子的理解由两层含义组成，一是本身含义，也叫字面意思（感性认识）；二是引申含义，也叫深层次含义（理性认识）。这两层含义是理解逐渐深入的过程，也可以把对概念的深入认识理解为"是什么—为什么—怎么办"的分析过程。

◎答题范例

企业的成功离不开个人主观努力和团队协作，更离不开国家对创新创业的扶持。

1. 个人拼搏。①勇敢追梦，理想坚定，志向远大，不计较个人得失；②有故土情结、思乡情结，梦想科技兴国；③有企业家担当、社会责任心，以百姓利益为重，服务全行业。

2. 团队协作。①合伙创业，合作研发；②攻坚克难，面对难题不退缩，勇于承担失败风险；③不断加强自主创新研发，搭建创新平台；④奋勇开拓，与国际企业合作，及时掌握国际市场信息。

3. 国家支持。鼓励创新创业，提供机会与支持，给予巨大肯定。

可见，企业要依靠个人、团队和国家的力量，才能取得成功。

材料 5:（因素分析题）2023 年广西公务员考试申论试题（B 卷）

在 H 市西北角，依山傍水的 W 县，是全市唯一没有工业园区的县。

“没选择，有时是最好的选择，对 W 县发展来说正是如此。”县委蓝书记对 W 县的情况有清醒认识，“土地资源的受限、空间发展的制约，决定了 W 县不能走‘工业兴县’的道路，只能独辟蹊径，一门心思探索‘依山傍水’绿色发展的路径。”

近几年，W 县根据省市发展规划，结合美丽城镇建设要求，扎实推进城乡风貌样板区试点建设。优美的生态环境吸引了大量游客，旅游产值年均超亿元，接待人次年均超 100 万，旅游过夜人次年均突破 11.8 万。W 县获得“全国旅游百强县”等多项国字号荣誉。

在 W 县房车露营公园，深耕户外领域 20 多年的老徐见证了一次行业热潮。以 2021 年“五一”小长假为例，5 天营业额近 50 万元，比 2020 年同期增长近 5 倍。“热潮”不是一夜之间出现的，而是来自长久的铺垫和布局。

W 县拥有丰富的旅游资源，户外旅游是 W 县精心打造的金名片。2014 年 W 县引进了占地约 800 亩的“野天堂”项目。此后，山地摩托、滑翔伞等项目纷纷落地，最具代表性的是民宿的发展。W 县是 H 市民宿起步最早、数量最多的县，民宿（农家乐）近千家，占H市近40%，2021年接待游客730余万人次，带动旅游消费30多亿元。（1. 发展生态旅游）

“盘活民宿的‘非假日’经济，是W县的重要探索。”蓝书记介绍，去年开始，时光信息科技有限公司等企业在W县试行“卫星办公”。这些企业依靠信息网络等技术手段，将设立在县里的办公点与位于城市的总部连接起来。县里首推136家精品特色民宿开展“卫星办公”试点。“卫星办公提高了我们平时的入住率，成了很多科技企业‘闭关’的选择。”“竹·窗”民宿刘老板说。（2. 盘活民宿经济）

2021年，W县成立县域产业运营公司，对16个全域景区村镇实施资源整合和市场化运作，打造组织领航、镇企合作、群众参与的农文旅融合发展新模式，推动乡村旅游、生态农业、民宿农家乐等特色经济快速发展。截至2022年底该公司已实现营收1900万元，带动农户营收超7500万元。（3. 推动融合发展）

“蜜梨是我们县域发展的法宝。”山水果业陈总说。不久前，H市第19届蜜梨生活节在W县举办，W县利用地方高校资源，与Z大学开展产学研合作的全省首个蜜梨科技小院发布成果：通过“梨—羊—草”种养结合模式、水肥一体化技术，不仅实现绿色生产，而且增产12%至23%。

W县近年来积极发挥果农合作社引领作用，打造共富工坊，在龙头企业带领下，2021年全县蜜梨栽培面积10多万亩，产量15万吨，产值28亿元，带动了3万多农户增收致富，蜜梨获评国家农产品地理标志。（4. 发展优势农业）

“企业奋力腾飞，我们保驾护航。当好企业‘娘家人’，是W县做好产业服务的宗旨。”蓝书记介绍。“县里组织了留抵退税政策专场解读会，一对一回答问题，解了企业燃眉之急。”山水果业陈总每次参加“亲清”助企活动，都有新的收获。

今年以来，助企纾困工作专班开展服务指导 70 余次，帮助企业解决问题 50 余个；深入解读惠企稳企政策；搭建商会“老底子”助企平台、双创园“新主角”助企平台，护航新老企业齐飞。

在最近举行的“亲清”助企活动上，蓝书记说：“我们依山傍水，因地制宜，写好了绿色发展这篇大文章。”（5. 开展助企活动）

◎问题

请根据“给定材料 5”，分析 W 县能够做好绿色发展的原因。

要求：（1）全面，准确，有条理；（2）不超过 250 字。

◎答题思路

依据材料主要从“发展生态旅游”、“盘活民宿经济”、“推动融合发展”、“发展优势农业”及“开展助企活动”等五个方面进行分析论证。

◎答题范例

1. 发展生态旅游。建设城乡风貌样板区试点；盘活旅游资源，发展户外旅游；引进多个娱乐项目。

2. 盘活民宿经济。依靠技术手段，试行“卫星办公”，连接县域及城市总部办公点，提高民宿日常入住率。

3. 推动融合发展。成立产业运营公司，对全域景区实施资源整合和市场化运作，推动特色经济快速发展。

4. 发展优势农业。利用地方高校资源，开展产学研合作，创新生产模式及技术，发挥果农合作社引领作用，打造共富工坊。

5. 开展助企活动。成立助企纾困工作专班开展服务指导，解读惠企稳企政策，搭建助企平台，护航新老企业齐飞。

材料 6:（因素分析题）2023 年国家公务员考试申论试题（副省级）

“大家以前对窑洞有些什么印象？”开窑村的村委委员小辛问。“习近平总书记在给全国人民的新年贺词中，提到了当年毛主席与黄炎培先生的‘窑洞对’。如何跳出治乱兴衰的历史周期率？毛主席给出了第一个答案，让人民来监督政府。现在我们党给出了第二个答案，自我革命。在党的二十大报告中，也再次提到这一重要论断。‘窑洞对’，是我对窑洞最深刻的印象。”

“提到窑洞，脑海中浮现的画面就是黄土地、高山坡，挖个洞在里面住着，想到就觉得特别艰苦。”

“窑洞已有 4000 多年的历史，它不仅是我们祖祖辈辈的栖身之地，也曾是红军的驻地……”小辛向游客娓娓讲述有关窑洞的悠久历史和红色岁月。前来参观的游客们纷纷谈起自己的感受，来到黄河岸边、大山深处，面对着 300 孔隐在群山中层层叠叠错落有致的窑洞，即使现如今这里已经被改造成文化教育基地，游客们依然能想象出革命战争年代窑洞中的艰苦景象。

参观行程过半，有位游客问小辛：“你们当时是怎么想起把这些窑洞打造成文化教育基地的？”

小辛说：“经济条件好了，我们也陆续住进新盖的房子，大部分窑洞被废弃。但是我们内心非常不愿意窑洞就这么消失。因为我们世世代代都曾经居住在窑洞里，窑洞对于我们来说，是血脉，也是乡愁。”

小辛想到了 7 年前，那时候村委会正打算让这些“沉睡的资产”焕发出新的生机。村委会找到了某大学建筑学院的顾教授团队负责窑洞修复项目。顾教授团队和村委会多次协商，反复讨论，最终达成一致意见：修复窑洞要尽量保留自然地貌，以及窑洞和院落的本来面貌。因此，修复工程使用的建筑材料都是废弃的砖瓦、石头、旧门窗、破碎的缸罐等。

小辛还记得，当时他在读大学，回家看望父母时，村民们找到他，说他有文化，让他代表村民们去和顾教授沟通。“小辛啊，你看，这些旧材料是挺省钱的，但是费时费工啊，我们啥时候能修好呢？而且修好了，这不和以前一个样吗？还是灰蒙蒙的。修就修得好看一点嘛！”（1. 村民认识较浅，袖手旁观）

面对村民们的不理解，小辛主动找到村委会工作人员，还邀请了一些村民代表，协商共议后，在村里举办了“发现砖石之美”影像展。这让村民们重新认识到窑洞建筑的历史价值，也更加认同窑洞原本的建筑风格。“这是我们永恒的记忆符号，也是独特的文化标识。废旧材料本身就凝结着村庄的历史与个体的记忆，是新的建筑材料无法替代的。”小辛说。

村民们从否定变成了支持，开始踊跃捐献家中的旧建材。不少人主动问：“我们家里就有很多旧砖旧瓦啊，你们施工还要不要？”村里的王大娘早年丧夫，曾经过得很艰辛。生活好转离开窑洞老屋时，她爬上屋顶将瓦小心地逐片剥落，并保存了30多年。她找到顾教授，把这些瓦捐了出来，说：“现在日子好了，没想到这些旧瓦片还能再派上用场，捐给你们比搁我手里强！”

施工期间，小辛组织村民们去工地参观。“这里是我捐出的砖。”“这个角落里的图案，有我家孩子拿来的玻璃球。”“这里可以用碎瓦片砌成‘花墙’。”村民们饶有兴趣地指指点点，还不时出谋划策。小辛还带领村民们发起了多次义务劳动，上山采石、填坑铺地、为工地运送物资、向工匠师傅嘘寒问暖，以实际行动支持窑洞修复项目。（2. 村民认识提高，主动参与）

村民的“言”和“行”慢慢渗透进修复窑洞的师傅们心里，他们也不再着急赶工，开始思考怎么能更好地把顾教授团队的方案、村民们的灵感和他们的手艺融合起来。老郑，这个从业30余年的工匠师傅说：“刚来时，一看在深山里，心里嘀咕这次肯定特别苦。但是施工过程中，通过和顾教授他们接触，和开窑村的村民闲聊，我才知道原来窑洞还有这么多说法，窑洞文化的历史这么悠久。一下子就让我们这些泥土匠的活儿有了意义！再苦心也甜！”

窑洞修复项目的结束，意味着文化教育基地新的工作的开始。恰逢小辛大学毕业，他被村里留下，担任村委委员，开始承担文化教育基地的宣传推广工作。一些村民也成了义务宣讲员，他们每每谈起村里的窑洞，都特别骄傲。（3. 村民认识发生质的转变，义务传承）

“当时窑洞修复花了 1 年多才完成。有村民说，窑洞修复的过程，也是他们从旁观者到参与者再到传承者的过程。”小辛感慨道。

◎问题

请你根据“给定材料 6”，谈谈为什么“有村民说，窑洞修复的过程，也是他们从旁观者到参与者再到传承者的过程”。

要求：分析全面，条理清晰。不超过 250 字。

◎答题思路

本题材料主要按顺序叙述村民思想认识的深化，从不理解到理解与支持，再到主动参与影响修复工作，思想发生一系列转变使角色发生根本性变化。

◎答题范例

村民思想转变缘于窑洞既是村民的血脉也是乡愁，其转变过程反映出村民对窑洞修复过程认识的不断深化。

1. 村民认识较浅，袖手旁观。修复之初，村民认为以旧修旧费时费工，没有实际价值，不理解不支持修复工作。

2. 村民认识提高，主动参与。通过参观影像展，村民重新认识到窑洞建筑的历史价值，开始理解和支持修复工作；主动捐献旧建材，出谋划策，参加义务劳动支持修复工作。

3. 村民认识发生质的转变，义务传承。村民的言行渗透影响了修复人员对工作的认识和行为，赋予修复工作以传承窑洞建筑文化的价值和意义，并且村民主动义务宣讲窑洞建筑文化。

材料 7:（因素分析题）2023 年贵州公务员考试申论试题（A 卷）

近年来，× 省聚焦全省范围内基础好、规模大、有特色、比较优势显著的主导产业，先后成功申报并创建了葡萄、棉花等 6 个优势特色产业集群，推动主导产业由县域“块状经济”向全省“带状经济”转变。

2022 年 6 月，第 29 届国际葡萄酒大奖赛全球榜单公布，夜光杯葡萄酒业公司旗下产品荣获 3 项金奖。“依托 T 县的气候环境优势，公司积极布局葡萄酒产业，目前研发生产了干红、桃红两大系列 7 项葡萄酒产品，并通过线上线下渠道销往世界各地。”该公司董事长说，“我们整合产业链上下游，采用标准化栽培技术，提升酿酒葡萄的品质。通过领办合作社带动周边千余户农民增收。同时，依托酒庄开发旅游业，年均接待游客 3 万人次。”

棉花主产区 L 县依力村的高标准农田建设现场，装载机、推土机、挖掘机正在相互配合，将小地块变成大条田。棉农小艾包种了 248 亩土地：“以前棉花地都是小地块，高低不平，平整后就能使用大型机械，不仅减少了投入，还能提高产量。”截至 2022 年底，全县高标准农田面积达 100 万亩，比 10 年前增加了 5 倍，棉花产效也增长了 40%。农民从土地上解放出来，收入渠道更加多元。高标准农田建设为全县棉花产业持续补链强链打下了坚实基础。

守信集团董事长说：“我们先后成立了制种公司、轧花厂、纺织厂，不断提高棉花产业效益。”集团持续开发家纺、服装产品，完成从一粒棉种到一件衣服的全产业链发展。目前，L 县的棉花产业，已实现规模化经营、标准化生产和机械化作业，全产业链发展集群初步形成，近 50% 的棉花能就地转化为纺织产品。

C 县塔格村的村民们正在播种冬小麦。“北斗导航的无人驾驶播种机，不仅下种均匀、播得直，还能同步铺设滴灌带，方便后期管理和采收。”塔格村党支部书记说。这几年，塔格村的小麦高产稳产，村民种粮的积极性很高。

在 Q 县河子村，种植大户老马 2022 年种了 1500 亩冬小麦，他说：“与原来相比，现在种地说轻松又不轻松。种地机械化，虽不像原来那样拼体力，但要多动脑子，要努力学习掌握新知识。”截至 2022 年，× 省农作物综合机械化水平达到 87.5%，农林牧渔综合机械化水平达到 72.6%。

塔河流域进入夏季汛期不久，就遭遇了 60 年不遇的大洪水。“当叶尔羌河山区段来水剧增时，阿尔塔什水利枢纽一面拦截洪峰，一面加大下泄洪量。我们通过叶尔羌河沿线 6 个分水枢纽，把洪水分流引入缺水的农区和胡杨林区。”塔河流域 K 县管理局局长说，“洪水来了，流域管理机构怎么分，我们怎么接，接后怎么分配使用，都有具体的实施方案。”

2021 年以来，塔河流域水资源管理体制通过一系列改革，实现了从注重供给侧向满足需求侧转变，从关注大河来水向深入灌区服务转变，从管住灌区用水向千方百计保障灌区需求转变。得益于科学应对，洪水 80% 得到有效利用，塔河流域各大灌区水资源利用率显著提高。

“作为 × 省特种乳产业知名企业，我们持续健全产业链、构建融合发展格局。企业不仅生产鲜驼奶、驼奶粉、奶片，还研发驼绒制品、驼乳化妆品和保健品。今后还将继续延伸产业链，走出一条以科技为基础的骆驼产品深加工发展之路。”源旺生物科技集团董事长说。目前，集团在品质、工艺、服务三个方面同步发力，攻克了驼奶保鲜核心技术，优化了服务流程，带动了农牧民致富增收。

◎问题

请根据“给定材料 7”，谈谈 × 省推进农业高质量发展的举措。

要求：全面、准确、有条理，不超过 300 字。

◎答题思路

这是一道典型的综合分析题。举措就是做法或办法。分析 × 省推进农业高质量发展的举措，首先要找出材料中的主要做法，其次要在此分析基础上作出结论，再进行合并形成总分结构，遵循分析结论在前，主要做法在后的逻辑结构顺序。

◎答题范例

1. 依托环境优势，积极布局产业。（1）研发生产相关产品，通过线上线下渠道，打开销路；（2）因地制宜利用资源，科学应对，制定实施方案，改革管理体制，实现从供给侧向需求侧转变，提高资源利用率。

2. 健全产业链条，构建发展格局。（1）延伸产业链，走产品深加工发展之路；（2）在品质、工艺、服务方面同步发力，攻克相关核心技术，积极布局集旅游、康养、文化于一体的项目。

3. 整合相关资源，实现链条发展。（1）整合产业链上下游，开发新业态，标准化生产、机械化作业、规模化经营，为产业持续补链强链打下坚实基础；（2）申报并创建优势特色产业集群，聚焦主导产业，推动“块状经济”向“带状经济”转变，形成全产业链发展集群。

材料 8:（因素分析题）2023 年国家公务员考试申论试题（行政执法卷）

“所谓 GEP，是指生态产品价值的总和，它反映了森林、湿地和农田等生态系统产生的直接、间接或潜在的经济效益。”A 市生态环境局赵局长介绍，“我们制定了一套 GEP 核算方法，对生态产品价值进行评估，并积极探索核算结果落地应用，助力我市加快推进生态产品价值实现。”（制定核算方法，对生态价值进行评估）

碧澜乡是 A 市一个山区乡镇，对村民来说，以前开农家乐是可以想象到的致富来源，但 GEP 核算告诉他们，还有另外的致富之路。碧澜乡的溪流不但拥有矿泉水般的水质，而且水流形态丰富，急流种类多样，是天然的水域救援训练场地。乡里利用这一优势，开发了水域救援培训项目。（明确生态优势）碧澜乡党委王书记说：“从原生态的水到致富的水，GEP 核算起到了加速转化的作用。GEP 核算报告（形成核算报告）让我们知道生态资源究竟好在哪儿，进而合理有序地将其转化为经济效益。”（1. 量化价值）

对 A 市其他乡镇来说，这种发展思路具有实际指导意义。云瀑乡党委李书记说，如果不是看到 GEP 核算报告，他实在不敢想，云瀑乡的峡谷、瀑布、云海，放在整个 A 市都颇有竞争力。云瀑乡已经和一家公司合作，在当地开发探险类项目和梯田观光项目。（开展合作，形成良性循环）该公司向云瀑乡生态强村公司支付 300 万元，购买项目所在区域的生态产品。

截至 2021 年底，A 市所有乡镇均组建了生态强村公司，主攻生态产品价值转化，负责自然资源管理与开发、生态环境保护与修复等，成为公共生态产品的供给主体和市场化交易主体。（2. 对接供需）

金融市场也闻风而动，“GEP 贷”等金融产品应运而生。（推出“GEP 贷”）在蕊溪岸边，芳草镇党委马书记介绍，镇里新开发了“溪游记”旅游项目，将蕊溪流域丰富的生态资源串点成线，建成后有望成为拉动全镇经济的重要引擎。芳草镇虽然成立了生态强村公司，却没有实体抵押物，想要贷款融资并不容易。2022 年 3 月，以芳草镇调节服务类和文化服务类两类生态产品的使用经营权作为质押担保，他们拿到了 500 万元的“GEP 贷”。这不仅解决了旅游项目建设的资金需求（以生态产品的使用经营权为质押担保，解决资金需求，促进贷款融资），也激活了生态产品的金融属性。（3. 创新抵押）常年奔波在 A 市乡村，某大学经济学院黄教授深谙 GEP 核算的魅力。他表示，GEP 核算报告就像人的体检报告，各地可以根据报告来强优势、补短板，推动生态优势转化为产业优势。（推动生态优势转化为产业优势）现在，一批电子仪器企业、医药公司等环境敏感型企业纷纷选择在 A 市落户。（吸引高新技术企业）某医药公司董事长说："生产高品质的医药容器对环境有着严格要求，A 市具有无可比拟的一流生态环境，这是我们选择这里的根本原因。"

位于 A 市景叶县的"天工之城"——未来科技岛也正在进行尝试。景叶县两山转化发展中心工作人员介绍："我们把生态产品价值作为生产要素参与合作企业的利润分配，实现经济创收。我们正在做的一件事，就是把'生态绿谷'转化为'数字绿谷'。"

日前，A 市"两山银行"与明渚乡签下首笔湿地碳汇收储合约，以每吨 58.83 元的价格购入明渚乡湿地一万吨碳汇量。同时，"两山银行"又向该市农商银行等 9 家单位分别出售碳汇量。这也是 A 市将 GEP 核算应用到碳汇市场的首次尝试。（尝试碳汇交易）"党的二十大报告提出积极稳妥推进碳达峰碳中和。湿地碳汇交易就是利用湿地植物光合作用吸收二氧化碳释放氧气的过程，实现碳减排；再将所减排的碳量用于市场交易，实现碳中和。"赵局长表示，"这既能鼓励企业参与生态保护，也能激励企业推行低碳生产。碳汇交易的获益资金还可用于湿地绿化扩面、修复等工作，反哺湿地生态建设，进一步提升生态系统碳汇能力，（提升生态系统碳汇能力）可谓一举多得。"（4. 促进交易）

◎问题

GEP 反映了生态系统产生的直接、间接或潜在的经济效益。请你根据"给定材料 8"，谈谈 A 市是如何利用 GEP 核算实现生态产品价值的。

要求：全面、准确、有条理，不超过 200 字。

◎答题思路

从材料来看，此题“谈谈 A 市是如何利用 GEP 核算实现生态产品价值的”不是概括题，而是一道分析题。分析题与概括题的最大区别在于：概括的内容都是已知确定的，分析则需要在已知基础上进行理性分析而推导出未知的东西。

◎答题范例

1. 量化价值。制定核算方法，形成核算报告，明确生态优势，对生态价值进行评估。

2. 对接供需。组成生态强村公司，成为生态产品供给主体和市场化交易主体，开展合作，形成良性循环。

3. 创新抵押。推出“GEP 贷”，以生态产品的使用经营权为质押担保，解决资金需求，促进贷款融资。

4. 促进交易。推动生态优势转化为产业优势，吸引高新技术企业，尝试碳汇交易，提升生态系统碳汇能力。

第二节　概括归纳题

材料 1:《时事报告》申论模拟试题

锦南街道上畔村村民老周受同村老贾雇用时，不慎从高处摔落致九级伤残，失去劳动能力。经街道社会矛盾调处中心（以下简称矛调中心）调解，老贾同意支付医疗费 21.5 万元，但对于伤残补偿金、误工费等存在争议。街道矛调中心向区人民法院“微法庭”工作办公室发出在线调解请求，法官陈艳菊了解情况后马上在线给出指导意见。经过法官的专业指导，调解员心中更有底气。双方最终达成一致，老贾同意支付老周医疗费尾款及伤残补偿金共计 15 万元，今后再无其他争议。（矛调中心调解的实例）

锦南街道党工委副书记说，近年来，锦南街道坚持党建引领基层治理体系建设，发动各行各业共同参与。“矛调中心将公、检、法、司、纪委、信访等多部门资源有效整合，打造矛盾化解一站式受理中心，（做法 1）让调解更具专业性、规范性、针对性，也能提高政府公信力（成效 1）。”锦南司法所所长盛于峰介绍。“人民调解 + 司法确认”机制从根源上解决了调解协议的法律保障问题（成效 1），为人民群众通过诉前调解化解矛盾消除了后顾之忧，也降低了诉讼成本，减少了讼累。（成效 1）矛调中心自成立以来，已成功调处案件 12 起。（矛调中心创新社会治理做法）

兰锦社区水岸阳光小区现有车辆 255 辆，配套地下停车位仅 126 个，小区门口辅道两侧空位长期被沿街商铺占用。2021 年 11 月，锦南街道以兰锦社区水岸阳光小区为试点，打造“阳光议事亭”工作平台，将社区、业委会、业主代表和辖区社会组织中的党员集结起来，依托“邻里红管家”党建联盟，形成社区共治、小区自治、楼栋善治的“三级协同”机制和协同议事、民主决策、评议监督的“三级循环”工作机制。（做法 2）由“阳光议事亭”牵头，召集小区党员、业主代表、商户代表、业委会和物业公司共同商议，最终通过在小区门口辅道一侧划定车位的方式增加停车位 54 个，将小区门口公共区块划定为电动车固定停放点。业主和商户车辆自觉有序停放，违规者将上“阳光议事亭”黑榜。“停车难”问题得到有效缓解，小区周边环境整洁有序。（成效 2）

通过推行协同议事、民主决策、评议监督“三级循环”工作机制，真正有效打通城市基层治理“最后一米”。“三级循环”工作机制实施以来，锦南街道辖区内矛盾纠纷案件数量减少 30%，信访率下降 16%。（成效 2）（打通基层治理，维护群众权益）

锦南街道居民小章所在安置小区有 184 户人家，电瓶车数量保守估计有200辆。由于缺少充电桩，一些居民从家里拉出插线板充电，有极大的消防安全隐患。小章通过“锦溪e治理”小程序，发送了希望集中设置充电桩的“微心愿”，当天就有工作人员联系她了解诉求。一个月后，小区3个点位共安装了30个充电桩。

2021年7月，锦溪社区致力于打造线上党群服务中心，提出以党建为引领，立足“智慧社区”基础优势，推进“互联网+社会治理”建设，创新推出“锦溪e治理”线上党群服务平台，（做法3）破解民声上行不畅、民生问题解决下行不及时等治理难点、痛点、堵点，有效提升社区治理现代化、信息化、智能化水平。（成效3）“锦溪e治理”微信小程序有随手拍、微心愿、微党建等功能，（做法3）居民可以通过小程序参与小区事务管理，提升居民自治水平和主人翁精神。（成效3）截至目前，“锦溪e治理”居民注册率达82%，办结开通民生实事26件，发布公告通知56条，办理服务事项116件，办结率99.2%。（推进“互联网+社会治理”建设，创新推出线上平台）

◎问题

“给定材料1”介绍了锦南街道探索智慧城市社区治理的新模式，请简述其主要做法及成效。

要求：全面、准确、有条理；不超过400字。

◎答题思路

本题要求简要概述做法和成效两个方面，做法是措施或办法，成效是措施实施以后所取得的成绩或效果，所以答题时不但要找到做法，还要找到成绩、效果（一般指达到预期的好的成绩或效果）。

需要注意的是做法与成效的对应关系，必须一个做法紧跟一个成效，不能把做法集中罗列、成效集中罗列，体现不出对应关系，就无法得分。

◎答题范例

1. ①主要做法：成立矛调中心，创新治理模式。坚持以党建引领为抓手，整合多部门资源，全力打造矛盾化解一站式受理中心。

②取得成效：提高矛盾调解水平，提升政府公信力。一定程度上解决了调解协议的法律保障问题，调解员心中更有底气。降低诉讼成本、减少讼累，直接消除群众的后顾之忧。

2. ①主要做法：打造议事平台，形成三级议事机制。打造议事工作平台，形成社区共治、小区自治、楼栋善治的“三级协同”机制，推行协同议事、民主决策、评议监督的“三级循环”工作机制。

②取得成效：打通基层治理，维护群众权益。有效缓解“停车难”，维护整洁有序的小区环境，降低矛盾纠纷案件数量和信访率。

3. ①主要做法：推进网络治理，创新服务平台。创新推出线上治理服务平台，具有众多服务功能，破解治理难点、痛点、堵点，提升治理水平。

②取得成效：提高治理效率，加强居民自治。有效提升社区治理现代化、信息化、智能化水平，提升居民自治水平和主人翁精神。

材料 2：2023 年国家公务员考试申论试题（副省级）

今年夏天，Q 省邀请若干位全国知名的青年书法家、画家参加了一场采风活动，为这些青年名家的艺术创作提供现实资源，让他们用书画作品倾情反映新时代的 Q 省交通故事。以下是其中一位青年画家的采风日记：习近平总书记曾经说，中国的交通地图就像一幅画，中国的中部、东部、东北地区都是工笔画，西部留白太大了，将来也要补几笔，把美丽中国的交通勾画得更美。Q 省位于我国西南部，是唯一没有平原支撑的省份，交通巨变从“桥”开始。这次采风，我在 Q 省看到了最精妙的补笔。昨天，已是我们采风的最后一站。

我们从省会 G 市驾车出发，行驶 40 分钟左右到达玉陵湖大桥。只见一座提篮式样的大桥，横跨美丽的玉陵湖，又似一道斑斓的彩虹嵌入绿水青山中，浑然天成。我们走上大桥的人行步道，发现这里拍照的人不少。G市公路管理局的工程师秦创告诉我们，玉陵湖大桥自重建以来已经成为著名的“网红打卡地”。在设计之初，考虑到玉陵湖大桥连接Q省多个著名旅游景区，如何使新桥融入这些湖光山色之中，是他们反复考量的内容。最终他们选择了内倾10° 的提篮拱桥作为重建方案，这样能够使新建桥梁在景观上优雅灵动，突出桥梁自身的力量美与跨越感，同时也能让桥梁与自然融为一体、交相辉映。“这‘提篮彩虹’的印象，我一定要画出来。”我已经为自己的第一眼印象勾勒了画作最初的形象。（1.“提篮彩虹”设计巧）

“你们现在看到的玉陵湖大桥是在原桥基础上拆除重建的。”秦创向我们介绍，“原玉陵湖大桥已经通车了30余年，8年前被定为四类危桥，不得不对其限载、限速。2019年我们向省公路局请示拆除重建玉陵湖大桥，先后经过了6个方案的对比和论证，最终决定选择现在的方案——在原址上建设新的玉陵湖大桥。建设历时两年，去年正式通车。”

“你们看，这座大桥跨越湿地公园和饮用水源保护区，周围分布着特有濒危水生植物，还有20多种国家重点保护野生动植物。这种环境下如何拆除旧桥？用传统的爆破法拆桥行不行？”秦创出题考我们。

我们纷纷摇头。秦创说：“没错，施工过程中旧桥杆件会坠落到桥下水源保护区，爆破振动还会产生较大的粉尘污染环境。”

那可以用什么方法拆除旧桥呢？秦创没有为难我们，很快公布了答案：他们没有按照常规方式先拆后建，而是采取了边建边拆的改建方式，创新性地提出了“旧桥建新拱，新拱拆旧桥”的建设思路。两岸接线工程对景区和水源保护区几乎无干扰；湖中没有设置桥墩，主桥直接跨过玉陵湖；安装新桥拱肋，先“包住”旧桥，再用钢梁将旧桥吊起，外科手术式地完成旧桥拆除工作……这些技术最大限度地避免了旧桥拆除对周边生态环境

的不良影响。“拆桥过程中，没有一块旧桥混凝土掉入湖中。”秦创骄傲地说。（2.“边建边拆”施工巧）

提起建桥的过程，秦创更滔滔不绝了，他详细介绍了建桥中“废料再利用”和“污水收集处理循环系统”这两项环保技术。“废料再利用”是指旧桥混凝土 100% 循环再利用，旧桥 251 吨钢材全部被回收。“污水收集处理循环系统”是指施工中对污水进行集中处理，达到排放标准后用于施工区域洒水。秦创把枯燥的技术讲得通俗易懂。我们听得津津有味，心中叹服，原来巧夺天工来自技术的高超。（3.“循环利用”技术巧）

走了不到 300 米，我们就来到了桥尾。玉陵湖大桥与两条高速公路无缝连接，呈“8”字形环绕。秦创说：“桥梁和道路的连接处是设计的关键点，对接不好容易发生交通事故。我们在设计时与公路施工方反复沟通，最终确定了现在这个‘8’字形的连接方式。现在新桥能连接 9 个村庄，可谓四通八达。”这座小而美的桥梁，真是处处体现匠心。（4.“四通八达”匠心巧）

车行 10 分钟后，我们来到了最近的大通村。漫步大通村，一片片绿油油的茶山令人赏心悦目；绿树下，一栋栋独具特色的民宿布局合理，相映成趣；农家乐里，一位位游客边赏湖景，边品美食；蔬菜基地里，一颗颗长势良好的蔬菜静待收获；数百亩果园里，成熟的李子、桃子等时令水果挂满枝头。“目前，我们村拥有 560 亩水果基地、300 亩蔬菜基地、300 亩花卉基地、80 亩藕园，开设有民宿、农家乐等 40 余家。这是新桥为大通村引来的人气、商气、财气。”大通村委会林主任对新桥赞不绝口。（5.“带动经济”发展巧）

“真是桥通路通民心通。不能仅仅画桥，这焕发出新活力的村庄一定要表现出来。”我心里琢磨着。当晚，我按捺不住思绪，彻夜未眠，一气呵成完成了画作。作画时，我脑海中不断闪现玉陵湖大桥种种精妙绝伦之处，对建设者们的敬佩之意一次次油然而生。整幅画作，我选择了“俯瞰”的视角，最初打算特写的“提篮彩虹”，被我简化为画中的一个点，路为线，人流、物流、信息流在此间快速流动。流动中，一座桥带出了一个活力迸发的经济圈。这幅表现桥的画，被我题名为《巧》。

◎问题

“给定材料 2”中，青年画家以玉陵湖大桥作画并题名为《巧》。请你谈谈玉陵湖大桥“巧”在哪些地方？

要求：全面、准确、有条理。不超过 250 字。

◎答题思路

本题材料主要按照一定顺序叙述大桥的设计、改建、建造、桥路连接、作用发挥五个环节，体现玉陵湖大桥五个方面的巧。

◎答题范例

1.“提篮彩虹”设计巧。大桥横跨玉陵湖，似彩虹嵌入绿水青山中，浑然天成。新建桥梁优雅灵动，突出力量美与跨越感。

2.“边建边拆”施工巧。创新性提出“旧桥建新拱，新拱拆旧桥”的建设思路。外科手术式地完成旧桥拆除工作。

3.“循环利用”技术巧。建桥采取“废料再利用”和“污水收集处理循环系统”这两项环保技术。

4.“四通八达”匠心巧。大桥与两条高速公路无缝连接，呈“8”字形环绕。小而美的桥梁处处体现匠心。

5.“带动经济”发展巧。拥有水果、蔬菜、花卉基地和藕园，开设民宿、农家乐等 40 余家，为大通村引来人气、商气、财气。

材料 3：2020 年国家公务员考试申论试题（地市级）

上午 9 点不到，“老马工作室”的门口已经排起了长队。“我们小区消防栓不出水、电梯天天出故障，您可得给评评理。”“啥情况？你们先说，我记一下。”老马笑着掏出随身带着的笔和本，开始了一天的工作。

老马是街道首席调解员，也是全国人大代表，做了 30 年的调解工作。“老老少少都叫我‘老马’。去年两会上，习近平总书记也亲切地喊我‘老马’，让我又惊又喜！总书记握着我的手说，老马讲得好，接地气，很结合实际。”老马乐道，“总书记还说，基层工作就是上面千条线、下面一根针，必须夯实基层。我们需要千千万万像老马同志这样的基层干部。”

去年，老马接待群众 600 多人次，有家长里短，有邻里矛盾，也有基层治理中的一些问题。接待群众是门“技术活”，不仅要真诚待人，还得对政策烂熟于心。“当好基层这根‘绣花针’，状态要投入，本领得过硬，我一天都不敢怠慢。”虽已年过花甲，老马仍每天坚持学习 3 个小时。30 多年来，老马成功调解矛盾纠纷 2000 多起，写了 160 多本、520 多万字的工作笔记。（1. 提高本领，务实肯干）

一天下午，老马接待了一对夫妻，女的一说话就哭起来：“老马，我和他是没法过了。”原来，两人从农村进城打拼多年，生活富裕了，但矛盾也多了。老马一边安抚一边分析：“为什么穷的时候没有什么矛盾，富了反而矛盾多？说明精神贫穷，有短板。”一个小时的交流后，两人带着笑容离开，与来时相互指责的样子截然不同。“时代不一样了，老百姓生活越来越好，大的矛盾冲突越来越少。基层调解，更多的是要做好思想政治工作，做好情绪疏导和心灵抚慰工作。”老马总结道，“我不一定能帮助所有人解决问题，但我要尽最大努力帮大家都解开心结。所有的矛盾，只要用心去调就有解。调解常常不是说服了群众，而是感动了群众。”（2. 善于沟通，以诚待人）

老马这根与时俱进的“针”连得巧、织得密、缝得牢。多年来，老马给自己立下了接待群众的 24 字规矩：起立迎接，请坐倒水，倾听记录，交流引导，解决问题，出门相送。“工作室要成为一个温馨的驿站，只要群众来了，就要努力让大家愁脸进来笑脸出去。”有事没事找老马聊聊的人越来越多，老马总是笑脸相迎。有时，一些群众会问老马：“你是什么职务、什么级别？”“职务和级别都不重要，重要的是——我是你需要的人。”这就是老马的回答。（3. 与时俱进，注重方法）

“我就是想来跟着学、跟着做。”22 岁的小温大学毕业后到社区工作，听完老马的一次宣讲后，坚持来“老马工作室”实习。来老马这儿学习的可不仅仅有小温，街道的社区综治干部每年都要来“老马工作室”学习一个月以上。老马培养了不少善做调解工作的“小马”。73 岁的老党员老齐也经常来工作室找老马。他对老马说：“我年纪比你大，但我也是‘小马’，按照你的方法，我成功劝阻了小区里很多不文明的行为呢！”在众多“老马”和“小马”的共同努力下，当地的各种矛盾纠纷逐年减少。（4. 培养人才，主动担责）

“基层干部就是一根绣花针，要把为群众服务视为终生事业。”老马说，“只要群众遇到困难，问谁是老马的时候，我都会毫不犹豫地站出来告诉他：我，就是老马！”

◎问题

根据“给定材料 3”，请你谈谈老马是怎样“当好基层这根‘绣花针’”的。

要求：全面、准确、有条理。不超过 200 字。

◎答题思路

这是一道概括归纳题。题干要求谈谈老马是怎样“当好基层这根‘绣花针’”的，主要是让我们分析原因，或者是为了“当好基层这根‘绣花针’”，老马做了哪些具体工作。

◎答题范例

1. 提高本领，务实肯干。坚持学习，写工作笔记，掌握技术活，本领过硬，对政策烂熟于心；工作认真，投入状态。

2. 善于沟通，以诚待人。安抚分析矛盾，做好情绪疏导和心灵抚慰等思想政治工作，竭尽全力解开心结；用心调解，感动群众。

3. 与时俱进，注重方法。工作巧妙细致可靠，注意礼貌，营造温馨氛围，热情友好，尊重他人。

4. 培养人才，主动担责。培养调解后备人才，解决群众困难；勇于担责，把为群众服务视为终生事业。

材料 4：2019 年山东公务员考试申论试题（B 卷）

“家里为啥突然停水了”“有工地夜间施工扰民了”“护照落在出租车上了”……遇到这些问题，生活在 J 市的市民第一个想到的就是给 12345 市民服务热线打电话。因为遇到问题只需要拨打这个电话，就一定能得到职能部门的回复。（背景介绍）

下面摘录的是 2018 年 12 月 24 日 12345 市民服务热线接听市民电话及相关部门的答复情况。

市民来电反映：某小区正在进行老旧小区改造，改造后路面不平，石砖贴一半空一半，井盖高出路面大约 3 厘米，存在安全隐患。

该小区所属街道办事处回复：我办事处已向负责老旧小区改造部门反映，目前已让监理监督施工方重新找补。

市民来电反映：某小学东侧道路存在摊贩占道经营现象，影响出行，希望有关部门进行管理。

该小学所属街道办事处回复：目前已安排专人进行清理。

市民来电反映：某混凝土搅拌站附近路段撒漏石子严重，影响居民出行。

该区城管局回复：已安排人员随时在此路段清扫撒漏的石子。

市民来电反映：某路口信号灯不亮，影响交通，要求尽快给予维修。

该区交警大队回复：已安排维修人员现场检修，目前此路口信号灯已恢复正常。

市民来电咨询：自己购买的车险只有电子版的保险标志，没有纸质版（车内贴具的这种），咨询在J市只有电子版车险标志是否可以上路行驶。

市交警支队回复：自2018年9月1日我省启动机动车交强险电子保单联网核查以后，机动车交强险电子保单在路面交通安全检查、事故快处快赔、车辆登记检验等方面与纸质交强险保单具有同等的法律效力。在路面执勤执法中，对已经投保交强险的机动车辆，执勤民警可通过公安交通管理综合应用平台进行实时查询，确认真实有效的，不予处罚和扣留车辆。

……

J市12345热线的前身，是1988年开通的市长公开电话，当时仅为一人一机，日均受理约80件。2008年9月26日，为满足人民群众参与社会治理的新需求，12345市民服务热线正式开通，实现24小时接听。后来，伴随"互联网+"与"云平台"的革新，12345热线先后开通微博、微信平台和手机App，实现电话、短信、市长信箱、微博、微信、手机App六位一体受理。2016年12月，由J市12345热线牵头、历时三年起草的《政府热线服务规范》(以下简称《规范》)，由国家质检总局、国家标准委在北京正式发布。这是我国政府服务热线第一个国家标准。《规范》要求受理宜采取每周7天，每天24小时工作制，电话受理时应在15秒内接听，接通率应大于等于95%；短信及其他媒体响应时间应不超过3分钟；信箱响应时间应不超过24小时，转交办理应在2个工作日内具体落实。省质监局标准化处调研员赵某说，用标准化的理念、方法，规范热线的管理，提高热线的管理水平，J市的实践得到了国家的认可，这对于建立阳光政府、法治政府、服务型政府意义重大。

2017年6月J市市委印发了《关于加强12345市民服务热线工作的意见》(以下简称《意见》)，以当地党委政府"最高规格"文件形式，将12345热线工作情况、要求等进行明确，强调12345热线是检验政府作风的重要窗口，是广大群众监督政府工作的重要平台，是凝聚力量的重要渠道，也是加强和创新社会管理，改善社会治理能力，建设阳光型、法治型、责任型和服务型政府的成功探索。《意见》强调，做好12345热线工作不仅是民生问题，更是政治责任。(1.思想重视，出台工作意见)

《意见》明确，市政府办公厅负责12345热线管理与协调；12345市民服务热线办公室负责全市12345热线运行工作；各县区政府、市政府各部门和有关企事业单位负责12345热线交办件的办理、回复与反馈，自觉接受12345热线的监督、考评；本市非政府系统相关单位为12345热线合作联动单位，负责做好涉及本单位12345热线转办件的办理、回复与反馈。《意见》要求市领导、县区党政主要负责人每年至少1次，市直部门主要负责人每年至少2次到热线接听市民来电，解决市民诉求，接受群众监督。(明确分工)

《意见》还明确了12345热线的九大主要职责：受理人民群众、社会各界的咨询、求助、建议和投诉；协调和督促有关部门、单位妥善处理人民群众和社会各界通过12345热线反映的问题以及领导交办事项；分析研究群众诉求中带有整体性、集中性、倾向性的问题和重要社情民意信息；对各县区和市直部门热线相关工作进行指导、监督和考评；提供政府公共服务，逐步拓展信息咨询、政策发布、民意调查、听证纳谏、数据分析等服务功能；加强热线平台建设与管理；承担省级政务服务投诉热线的日常受理、转办、回访等工作；承担全市党风政风行风监督热线和民主评议工作；承担人大代表联系群众12345热线工作站、12345政协提案线索直通车、民生政法热线、市委党校教学实践基地等各项联动服务工作。(明确职责)

为抓好贯彻落实，进一步提高12345热线办理质量和效率，市政府发布了《J 市 12345 市民服务热线督办办法》，要求市热线办对超期未办理热线工单、承办单位职责范围内的回退工单、承办单位相互推诿的回退工单、重复集中投诉事项、领导批示交办事项，以及突发性、苗头性、趋势性和新闻媒体曝光问题，按照依法督办、实事求是、注重实效、分级负责的原则进行督促落实。对因推诿、拖延、谎报、瞒报等导致督办事项未按要求办理的，由监察部门按相关规定予以追责。（2. 督促落实，出台督导办法）

2018 年 2 月 J 市人民政府办公厅拟定了《J 市 12345 市民服务热线整合工作方案》，提出全市各部门（单位）分设的服务热线（110、119、120 等紧急类热线除外）于 2018 年 5 月底前全部整合到 12345 市民服务热线平台，坚持“一号受理、各级联动、方便市民、服务决策”和“以市民为中心，以问题为导向”的工作思路，通过发挥热线“连心桥”作用，进一步畅通民意诉求表达渠道，创新社会治理模式，进一步提升为民服务的水平。（3. 整合资源，提升服务水平）

随着市民诉求和热线承办量的日益增长，热线运行中存在的问题也不断暴露出来。个别承办单位在热线事项办理过程中还存在不积极、不规范、不作为，市民屡次反映的一些问题得不到有效解决，与群众的期望还有差距；少数来电人恶意反复拨打热线、故意长时间占用热线资源、干扰热线正常工作秩序等问题。（热线存在问题）

为有效解决这些问题，迫切需要通过立法手段明确界定市民、热线和承办单位三者之间的法律关系和权利义务关系。为此，市有关部门在充分调研和研究论证基础上，形成了《J 市 12345 市民服务热线条例（草案）》（以下简称《条例》）。《条例》以法规的形式，对市和县区两级热线工作机构和承办单位的职责分工进行了明确，市民反映的问题，从受理、办理到督办、考核、监察问责，形成了完整的工作体系，并明确规定了来电人、热线平台、承办单位的权利与义务、职权与责任。（立法规范）《条例》明确规定，热线受理之后的五个工作日内，热线整合系统要向来电人通报整个事项办理的进度或情况，这其中既包括五个工作日之内完成的事项，也包括向来电人明确反馈办理进度。因为有的事项按照法定的时限，可能要长于五个工作日，但是在办理过程当中，事项的办理进展情况和具体进度，也应当向来电人进行明确的反馈。这样就更加保证了人民群众的合法权益，不仅是解决问题，对在此过程当中的知情权也做了相应的保障。2018 年 9 月 1 日起《条例》正式实施。（4. 立法规范，明确界定关系）

“热线立法很好。作为市民，以后拨打热线反映问题再得不到回复和解决，我们就有了维护自己权益的法律武器。”《J 市 12345 市民服务热线条例》公布第二天，市民张先生专门致电 12345 热线表示。

◎问题

根据“给定材料 4”，概括总结 J 市 12345 热线的成功经验。

要求：概括全面，思路清晰，表达准确；不超过 250 字。

◎答题思路

概括指通过减少概念的内涵，扩大其外延，从而形成新的概念的逻辑方法（具体事物抽象化）。总结指的是综合各方面情况而得出的结论（强调概念的全面性）。经验指由他者或自身经历的有利行为而得出的自身或者设定主体未来用于解决某种问题的方向性的对策或思路。本题作答侧重点在于具体思路、措施、办法，而不在于具体结果。

◎答题范例

1. 思想重视，出台工作意见。意见以党委政府“最高规格”文件形式印发；强调做好热线工作是民生问题和政治责任；明确具体分工和主要职责。

2. 督促落实，出台督导办法。出台热线督办办法，提高办理质量和效率。

3. 整合资源，提升服务水平。发挥热线“连心桥”作用，畅通民意诉求表达渠道；创新社会治理模式。

4. 立法规范，明确界定关系。以立法手段明确界定市民、热线和承办单位之间的法律关系和权利义务关系。

材料 5：2020 年国家公务员考试申论试题（副省级）

在中国特色社会主义进入新时代、决胜全面建成小康社会、开启现代化新征程的大背景下，把各方面优秀人才团结凝聚到党和国家的事业中来，显得比以往任何时候都更加重要和紧迫。习近平总书记明确要求“在知识分子和广大人才中大力弘扬爱国奉献精神，激励他们的爱国之情、报国之志。要加强对人才的政治引领，做好各类人才教育培训、国情研修等工作，增强他们的政治认同感和向心力，实现增人数和得人心有机统一”。

L 省是经济大省、人才大省、开放大省，遇到的矛盾问题更早更多。面对一系列难题，L 省以习近平新时代中国特色社会主义思想和习近平总书记关于人才工作重要论述为指导，紧紧围绕“实现增人数和得人心有机统一”的总目标，探索出一条对人才的政治引领实效化的新路径。

L 省始终坚持党管人才这一根本原则，着力构建权责明确、务实管用的组织架构。坚持一把手抓、抓一把手，省委书记批示要求“认真落实党的知识分子政策，加强政治引领”，各级党委（党组）都把加强对人才的政治引领作为“书记项目”。2018 年，L 省调整了机构布局，进一步整合了人才工作的相关力量，明确了对人才的政治引领职能职责。（1. 组织引领：完善组织架构，强化主体责任）

L 省把习近平总书记关于人才工作重要论述作为人才培训的第一课，引导广大人才同党中央保持高度一致。通过实施“爱国、奋斗、奉献”精神教育三年行动计划，引导广大人才增强“四个意识”、坚定“四个自信”、做到“两个维护”；通过常态化组织人才赴井冈山、遵义等红色教育基地学

习，让广大人才在切身感受中提高对世情国情党情的认识，坚定理想信念。（2. 思想引领：加强人才培训，坚定理想信念）

此外，全省集中举办高层次人才"爱国、奋斗、奉献"精神主题学习会，邀请省委讲师团专家作报告。学习会上，为高层次人才颁发证书、授予奖牌，增强其荣誉感和成就感。会后，制作主题学习会视频，放大典型示范效应。同时，开展"身边的榜样——知识分子群像群塑"活动，分层分级分类别，评选出一批可看可知、可比可学的先进典型，通过榜样的力量感召广大人才投身全省建设。（3. 示范引领：发挥榜样力量，带动共同进步）

L 省积极响应脱贫攻坚等国家战略和重点工作，动员人才开展对口帮扶、对口支援。仅 2018 年，全省就选派各类人才 3109 名到对口帮扶地区服务锻炼，并依托博士服务团计划，选派经济金融、医疗卫生等领域博士教授 16 批 140 余人次，到西部地区和革命老区援助帮扶，让人才在祖国最需要的地方绽放青春、追逐梦想。（4. 工作引领：开展对口帮扶，锻炼培养人才）

感情亲近，思想才能贴近。L 省建立健全专家联系制度，各级班子成员、部门党委（党组）书记分别结对联系一批专家教授、名医大师、技术骨干，形成横向到边、纵向到底的工作机制。各级党组织坚持"四必访两必到"，在重要节日、专家取得重大成就时、逢十生日、罹患重大疾病时领导干部必访，逢年过节、逢有喜事时问候祝福短信必到。注重"关键小事"，以周到贴心的服务把专家人才紧密团结凝聚起来。（5. 情感引领：密切情感联系，团结凝聚人才）

◎**问题**

根据"给定材料 5"，请你概括 L 省在人才的政治引领方面的主要举措。要求：全面、准确、有条理。不超过 200 字。

◎答题思路

概括指通过减少概念的内涵，扩大其外延，从而形成新的概念的逻辑方法。举措指措施或办法。

◎答题范例

1. 组织引领：完善组织架构，强化主体责任。坚持党管人才，强化一把手主体责任。

2. 思想引领：加强人才培训，坚定理想信念。实施“爱国、奋斗、奉献”精神教育三年行动计划，赴红色教育基地学习。

3. 示范引领：发挥榜样力量，带动共同进步。举办高层次人才学习会，颁奖，制作视频。

4. 工作引领：开展对口帮扶，锻炼培养人才。选派人才到对口帮扶地区服务锻炼，依托博士服务团计划，援助西部地区及革命老区。

5. 情感引领：密切情感联系，团结凝聚人才。建立健全专家联系制度，坚持“四必访两必到”，用心服务。

材料 6：2020 年国家公务员考试申论试题（副省级）

M 农场是一家将生态稻田和人工智能相结合的高新技术企业，它所研制的“胚芽米”，比普通大米含有更加丰富的维生素 B 族和微量元素。创始人小李的初衷就是希望越来越多的人能吃到更有品质的大米。

创立之初，M 农场就将人工智能引入水稻种植。小李说：“传统农业，包含着最苦、最累、最费人工的劳作过程，我们希望通过高科技为传统农业增效。”传统农业费时费力，有时即便给每亩稻田提供 1000 元的人工费，也没有多少人愿意干。为了摆脱这一困境，M 农场使用田间机器鸭来代替人工巡田、除草，效率提高 300%，成本降低 50%。

M 农场使用物联网技术及田间智能机器对生态水稻数据进行全方位监

测和采集，然后由专家团队进行建模及大数据分析，并实时生成水稻长势及病虫害可视化智能管理界面，为病虫害防治、作物保护提供指导或方案，实现了生态农业无人化、智能化管理。

M 农场种植全过程不使用任何化学农药、化肥、除草剂，而是采用生物制剂、有机肥，以确保大米的食用安全和营养价值。以生态稻田为基础，M 农场引入旅游、文化、艺术等多元化产业元素。小李说："我们打造共享农场、田园综合体，吸引旅客来体验田园生活。种种农业衍生品，不一而足。"

在 M 农场，"一产"实现了种植标准化、人工智能化，"二产"实现了胚芽米、胚芽米食等的加工，"三产"实现了休闲观光、户外活动、宜居养生、精品民宿和乡村艺术等的自然体验。M 农场"一二三"产业的融合，实现了以生态水稻种植为基础的全产业链农业发展模式。

目前，M 农场拥有 60 多名员工，平均年龄 27 岁，他们是农场培养的知识型、技术型"新型农民"，是创业生力军。M 农场也是青年人发展新型农业、振兴乡村的青春舞台。一个没有年轻人的行业，是没有未来的行业。让农民成为令人羡慕的职业是 M 农场努力的目标之一。在 M 农场的示范和带动下，更多农民和返乡青年扎根乡村，做新型农民、发展新型农业。

小李说："乡村全面振兴，是农业强、农村美、农民富的全面实现。M 农场是乡村振兴战略的实践者和受益者。作为新时代的创业者，一定要有社会担当，要做对国家和社会发展有意义的事情。"

◎问题

"给定材料 6"中，M 农场的案例为新时代青年创业提供了哪些启示？要求：分析全面，条理清晰。不超过 300 字。

◎答题思路

本题要求从材料中找出启示，即在材料中找到可以学习借鉴的优点优势、成功经验等。因此，考生整理材料时要把侧重点放在成功经验做法、优点优势方面。题目问的是 M 农场的案例为新时代青年创业提供的启示，所以在分析 M 农场可以借鉴的成功经验或优点优势时，需要考虑其可适用性。必要时可将个例的做法抽象为具有普适性的经验做法。对于本题，作为 M 农场的经验做法仅直接适用于第一产业，而涉及其他产业领域的经验做法，需要考虑适用性问题，因此需要进行科学性概括总结。

◎答题范例

M 农场的案例为新时代青年创业提供了以下几点启示：

1. 赋能高新科技。依托高科技赋能，引入人工智能和物联网技术，进行大数据分析，改变传统生产方式，实行无人化、智能化管理，提高效率，降低成本。

2. 坚持生态发展。在生产种植过程中注重绿色、安全、营养和无污染，提升产品品质。

3. 深化产业融合。以主打产业为基础，引入多元化产业元素，实现“一二三”产业融合，实现全产业链农业发展模式。

4. 打造人才队伍。自主培养知识型、技术型人才，打造创业生力军，并提供舞台；发挥示范带动作用，吸引更多年轻人加入其中。

5. 具备社会担当。要以满足群众需求、做对国家和社会发展有意义的事情为目的进行创业。

第三节　问题对策题

材料 1：2020 年国家公务员考试申论试题（副省级）

为了促进快递配送从业青年的职业发展和社会融入，共青团 H 省委邀请部分省人大代表、省政协委员，走进快递企业开展调研，并与企业代表、从业青年代表等进行座谈交流。以下是座谈时收集到的部分资料。

共青团 H 省委权益部部长：习近平总书记明确要求共青团主动关注、积极联系、有效覆盖快递小哥等新兴青年群体。为了解并解决快递配送从业青年在职业发展和社会融入方面面临的一些问题，今年初，我们面向这一群体开展了一次问卷调查。

结果显示，受访者中，每天工作时间超过 8 小时的占 88.32%，其中，工作 8—10 小时的占 31.79%，工作 12 小时以上的占 28.87%；每月休息时间不超过 4 天的占 94.84%，1 天都没休息的占 25.09%。（工作时间长、压力大）有受访者表示，当前大部分快递公司制定了完善的用工制度，但仍有一小部分快递公司存在规避劳动法、不与员工签订劳动合同等问题。（社会保障程度低）

受访者中，没有与公司签订劳动合同的占 6.74%，与公司签订劳动合同期限为 1 年的占 60.52%，签 2 年的占 22.33%，签 3 年及以上的占 10.41%；从事快递工作时间不足 1 年的占 48%，工作 3 年以上的熟练工仅占 19.4%。关于职业发展，有 47.15% 的受访者表示所在快递公司职业发展通道设置不合理，（缺乏职业发展空间）而在这些受访者中，有 60.5% 的人表示不愿意在公司继续工作，有“跳槽”意愿。在社会融入方面，20.79%

的受访者表示城市归属感差，身在城市却无法融入城市。（社会认可度较低）

快递人员代表：我今年22岁，来公司有1年了。上个月和一辆面包车发生了剐蹭，幸好人没事，可是误点导致客户投诉，公司扣了绩效。借着这次机会，我想建议公司制定更加合理的配送量、送达时间和薪酬标准，不能“以罚代管”。（考核制度不健全）我喜欢我工作的这座城市，想留下来，和这座城市里的青年们一样努力奋斗，创造美好生活。可是，每天“累得下班就想睡觉”的工作压力，让我没精力参与正常的社会交往，体验这座城市的美好。我感觉，我始终像一个过路人。

某快递企业负责人：公众对快递人员的辛苦和安全风险缺乏了解，对他们不够尊重、理解和认可，甚至存在客户辱骂、敲诈快递从业人员的问题。这些都导致快递人员离职率高，我们的用工成本也随之提高。

省人大代表A：经过这次调研，我们对快递人员的劳动保障、安全风险和权益保护等问题有了更深入的了解。我们会建议有关部门统一快递人员的职业准入和培训标准，提高快递人员的业务水平、职业素养等。快递企业也要给快递人员提供发展通道和晋升平台，让他们有盼头。（打通晋升通道）

省政协委员B：大多数快递小哥缺乏应有的保障，要想办法减轻他们的生活压力。还要增进公众对快递小哥的理解和尊重，让他们工作得有尊严、更体面。我们会呼吁全社会进一步关注快递小哥面临的诸多问题。

◎问题

调研结束后，共青团H省委拟起草一份关于促进快递配送从业青年职业发展和社会融入的调研报告。假设你是该调研组成员，请根据“给定材料1”，撰写调研报告中“问题”与“建议”这两部分内容的提纲。

要求：问题梳理全面、准确；所提建议有针对性、切实可行；不超过500字。

◎答题思路

撰写调研报告是为了全面了解快递配送从业青年的职业发展和社会融入情况，题目只是撰写调研报告中“问题”与“建议”这两部分内容的提纲，因此不必成文，分条列举出来即可。

“问题”指已发生的会带来消极影响的客观事实。“建议”指由特定主体向他人提出的解决问题的办法或建设性意见。

作答时需要从材料中找出问题并把问题概括归纳出来，然后针对存在的问题进行逐一分析，提出解决问题的合理化建议。

◎答题范例

1. 存在问题

（1）工作强度比较大：工作时间长，工作压力大。

（2）社会认可度较低：离职率很高，短期从业明显，缺乏职业认同感，城市归属感差。

（3）社会保障程度低：一些快递公司存在规避劳动法、不与员工签订劳动合同等问题，劳动者权益难保障。

（4）职业发展不科学：缺乏职业发展空间，考核制度不健全，存在“以罚代管”现象。

2. 工作建议

（1）加强宣传教育，彰显社会价值。彰显快递配送从业青年为民服务的社会价值，引导公众尊重、理解、关心和认可这一群体，提高快递配送从业人员的社会融入感和职业自信心。

（2）加强用工监管，完善管理制度。劳动保障部门要加强对企业劳动用工的监管，促进快递行业规范发展；发挥工会保障作用，鼓励从业人员拿起法律武器，维护自身合法权益；健全行业管理规范及标准，积极发挥行业协会的作用，对企业实行守信联合激励和失信联合惩戒制度。

（3）统一职业标准，打通晋升通道。加强职业培训，开展一些跨公司乃至跨行业的交流，提升个人业务水平。企业制定合理的薪酬标准和制度，例如奖勤罚懒，激励员工。

（4）进行科学评估，完善考核制度。对快递员的工作强度进行合理评估，对接单量、配送量进行动态分析，完善配送考核制度。

材料 2：2021 年国家公务员考试申论试题（副省级）

“小李，我跟你说，修志工作有三苦哇！清苦，辛苦，艰苦。（冷的表现）做地方志工作，你必须受得了这些苦。”F 市地方志办公室编纂处副处长杨洋向刚到处里工作的小李再三叮嘱道。

“我干地方志工作 23 年了，来这里工作，要习惯坐‘冷板凳’！”（冷的表现）老同志王建也如此教导小李。

半年后，小李依然有些疑惑：“只有加深对历史的掌握和理解，才能鉴古知今。地方志中充满了中国传统文化的智慧，对现代社会治理大有裨益。我们为什么只是躲在屋里修志编志，而不走出去呢？”（工作氛围冷清，不被大众了解和重视，比较冷门）小李的问题引起了处长林德深深的思考，他准备在处里开一个讨论会，让大家谈谈地方志编纂工作的“冷与热”。

讨论会开得很热烈。

王建抢先说：“我觉得地方志的编纂工作是外冷内热。内热，就是指价值高（热的表现）。我们的地方志编纂工作能为经济社会发展提供参考（热的表现），你说这编纂工作重要不重要？当然，编纂工作是辛苦的，需要清心寡欲，耐得住冷清。”（工作人员耐得住寂寞）

杨洋说：“我赞同。地方志工作看似没有地位，但只要修志者有‘为’，就一定会有‘位’。地方志有存史、育人和资政的功能。做存史工作时，我们要沉得下心；（沉下心，做好存史工作）做育人工作时，我们还得走出去；（走出去，做好育人工作）做资政工作时，我们要能摆正自己的位置。”

（摆正位置，做好资政工作）

林德说："存史（本职工作，选材工作）是基本功能，育人（宣传正能量、形式生动化、注重影响力）、资政是现实功能。存史，我们要想想，记录和保存什么历史？比如，是不是能记录咱们F市干部群众创新创业、建设美丽家乡的业绩，来以'冷'存'热'呢？"

王建说："跟时代贴合、记录当下是我们地方志编纂的重要内容。比如，今年新冠疫情突发，我们应该做好疫情防控大事记的编纂工作。"

林德补充说："除此之外，我们要征集全市党员干部在疫情防控工作中的先进事迹（宣传正能量），聚焦全市各界在此次抗疫中不惧艰险、无私奉献的感动瞬间。"

杨洋说："咱们有很好的史料基础，如果选一些有影响力的人物（注重影响力），以人物故事的形式成书（形式生动化），应该会受大家欢迎（大众熟悉和欢迎）。在修志存史时，多结合育人、资政的应用功能，我们修志的视野会更广阔，也能有更多的机会走出去，更好地服务社会。"

王建说："关于资政功能，关键还在于体现智库作用。咱们要结合经济社会生活重大课题，加强调研，为市委、市政府提供有价值的资政材料。"（注重实用价值）

◎问题

请你根据"给定材料2"，回答下列两个问题。

1. 谈谈什么是地方志编纂工作的"冷与热"。

2. 假如你是F市地方志办公室编纂处的工作人员，请根据讨论内容，按照"将冷的工作做热"的工作思路，起草该处下一步的工作要点。

要求：准确全面，简明扼要，条理清晰；工作要点包括工作任务及工作措施；不超过400字。

◎答题思路

第一个问题，根据给定材料，分别描述地方志编纂工作的“冷”与“热”，即“冷”与“热”具体体现在哪些方面。第二个问题，依据材料中大家具体讨论的内容，对下一步工作任务及工作措施分别进行一定的概括及总结。

◎答题范例

第一个问题，“冷”指编纂工作清苦、辛苦、艰苦，工作氛围冷清，不被大众熟知，比较冷门，需要工作者习惯坐“冷板凳”。“热”指地方志的价值高，能为经济社会发展提供参考，也指工作者能获得成就感。

第二个问题，“将冷的工作做热”需要转变工作思路，对已有的工作形式进行创新。

1. 沉下心，做好存史工作。主要措施包括：（1）编志人员要做好本职工作，不怕辛苦，清心寡欲，耐得住冷清。（2）编志人员要做好选材工作，跟时代贴合，记录重要内容。

2. 走出去，做好育人工作。主要措施包括：（1）宣传正能量，征集典型事例和先进事迹。（2）形式生动化，选择百姓喜闻乐见的形式做推广。（3）注重影响力，选择有影响力的人物故事出版成书。

3. 摆正位置，做好资政工作。主要措施包括：注重实用价值。编纂人员发挥智库作用，根据地方志资料，结合经济社会生活重大课题，加强调研。

材料 3：2024 年国家公务员考试申论试题（副省级）

随着汽车智能化技术的发展，越来越多的机械控制转向电子控制，过去以机械见长的工程部门迎来巨大的挑战。2014 年，大学刚毕业的小李和 6 名同学从近千名竞聘者中脱颖而出，加入了一家合资发动机生产企业 A

公司。A 公司是国内某家头部合资主机厂主力发动机型的供应商，当时这家主机厂年销量超过百万台，A 公司根本不怕没有业务和营收。小李说，他第一年的收入就远高于同专业毕业的同学，同时公司为他们提供了系统的培训，不到 3 年小李就成为储备干部。当时的他感到人生充满希望，觉得自己已迎来事业的春天。

第一次变化发生在 2018 年，中国车市结束了高速增长，汽车产销量首次下降，A 公司的业务也开始出现下滑。同一时间，一些造车新势力崛起，不惜以翻倍的价格在汽车行业大肆招揽人才。不过即便如此，那一时期离开 A 公司的人也并不多。“当时大部分人认为新能源汽车只是政策产物，短时间内很难替代燃油汽车，内燃发动机仍有较好的发展空间。”已升为部门经理的小李说道。

真正的巨变出现在 2021 年前后。随着新能源汽车市场规模的快速扩大，A 公司所背靠的合资车企面临较大的销售压力，业务单一的 A 公司也“一损俱损”。2021 年开始，与小李同批入职的同事们纷纷离职，其中不少人去了新势力车企。小李感觉头顶的职业荣光黯然失色，这份工作已不再是自己心目中的“香饽饽”。（问题 1：从整个行业角度来看，因为行业发展出现变化，导致自身选择出现难题）

小李的同学小沈于 2022 年下半年从 A 公司跳槽进入 W 公司，转型至自动驾驶测试相关的工作，但短短 3 个月之后，他便主动离职，因为他实在适应不了 W 公司内卷的工作氛围，尽管薪酬提升了 30%，但工作量增加了不止 300%。近来，汽车供应链企业频繁被曝裁员或关停，不少技术类的供应商正在加速向新能源汽车三电乃至自动驾驶方向转型。“A 公司最近这几年肯定是倒不了的，而且这里的收入相对还是比较稳定，工作氛围也比较宽松，（问题 2：从个人角度，讲自己适应不了内卷工作氛围）但的确业务已经出现较为明显的萎缩，也不知道什么时候裁员会轮到我头上。转型到新能源相关的企业，也会有合适的职位，但实在是担心适应不了内卷的工作氛围。”时至今日，小李依旧没有下定决心离开，他感觉自己陷入了“两难”境地。（通过分析这句话，可以看出第一个难就是关于离开；那么既然是两难，这两者应该是相反的意思，否则就不会造成两难。离开的相反意思即是留下，再结合前面的材料来判断，第二个难其实就是关于留下。那么两难的境地，就是指小李到底是留下来继续从事传统汽车制造业，还是离开转型到新能源汽车产业）

和小李这种纠结不同，小王并没有因为新能源汽车的快速发展而感到焦虑。2013 年硕士毕业的小王曾有机会进整车企业，但因为有可能从事的工作和自己的内燃机专业不对口，最终他选择就职于某外资汽车零部件供应商，10 年的工作从未脱离过内燃机。“也曾羡慕人家整车企业的薪资待遇，可我还是觉得搞自己感兴趣的专业更有价值。”小王说。

对于当前的形势，他有自己的判断：“从整个行业的趋势来看，内燃机并不会在这 5 年或者 10 年之内就完全消失。而且，尽管内燃机和电动机是两种不同的动力形式，但是其中很多理念和技术还是相通的。如果能够在现在这家公司把相关的技术吃透，对于之后的择业有百利而无一害。”（对策 1：提升专业技术能力，才是长期发展之道）小王认为，除了乘用车外，在商用车领域，内燃机存在的时间或许会更久。商用车普遍较重，如果采用纯电的方案，需要更大的电池组来保证行驶和续航，但这会给车辆的安全性、成本等带来一定影响。氢内燃机是目前车企最佳过渡，未来氢内燃机是趋势，一是内燃机大部分零部件与现有内燃机成熟产品通用，只需对现有内燃机适当改造，可大幅度降低制造成本；二是国内氢内燃机目前尚处于研发阶段，产品研发、性能完善和可靠性提升，都需要大量的时间和经费投入。但不少传统汽车人焦虑于不能适应工作环境，知识技能欠缺，跨界而来的概念，传统汽车行业几乎完全没有这方面的能力和人员储备。汽车行业这场百年不遇的变革，除了给我这样的传统汽车人带来焦虑外，也带来了难得的机遇，这个时代已经给我们传统汽车人打开了新的大门，我们需要做的就是下定决心，找准方向，一边学习储备新知识，一边保持敏锐的嗅觉，一旦发现合适的机会，就毫不犹豫地扑上去。（对策 2：一个是学习储备新知识，只有不断学习才能提高自身本领。对策 3：另一个就是保持敏锐嗅觉、发现机会就要抓住机遇。也就是告诉小李，在未来的工作中，做到这几点就可以不再焦虑，进可攻、退可守）

◎问题

“给定材料 3”中提到，小李感觉自己陷入了“两难”境地。请分析小李产生这种心态的原因，并提出走出这种困境的对策。

要求：分析全面，对策得当，逻辑清晰；不超过 350 字。

◎答题思路

这是一道原因分析 + 对策建议题，有三个层次要厘清：一是找准两难的境地，到底是哪两难，只有明确了这个处境，才能准确分析原因。建议在答案中先直接写清楚困境。二是根据所处的两难处境，再找小李“两难”的原因。三是结合材料中小王的做法，作为借鉴参考，为小李提出相应对策。

◎答题范例

1.“两难”指的是小李陷入了继续从事传统汽车制造业还是转型新能源汽车产业的选择难题。

2. 原因：一是行业发展面临冲击。随着汽车智能技术的发展，新能源汽车市场规模快速扩大，给传统汽车行业造成巨大冲击，小李所在公司面临较大销售压力。二是难以适应内卷工作氛围。新能源企业的收入高、工作量大，内卷化严重，与当前工作稳定、氛围轻松形成反差。

3. 对策：一是提升专业技术能力。聚焦小李自身的工作岗位，加深对岗位专业技术的研究和钻研，融会贯通专业理念和技术，提升自身素质。

二是加快学习储备新知识。加强对新政策、新行业的学习，储备新知识、新技术，主动适应变革。三是把握个人发展机遇。结合自己的个人技术，面对新机遇，果断把握机会、实现自身价值。

材料 4：2020 年国家公务员考试申论试题（副省级）

2019 年 3 月，G 省启动“专家助力脱贫攻坚服务团”第三期工作。本期由 4 名成员组成脱贫攻坚队，驻帮扶对象 W 县一年，全面助攻脱贫攻坚。脱贫攻坚队成员如下：

队长小陈，男，31 岁，G 省就业管理局工作人员；王老师，男，28 岁，Z 大学教育学院教师；马医生，女，29 岁，G 省第一人民医院医生；张主任，男，30 岁，田地农业科技有限责任公司技术专家。

驻县的第一周，小陈带领 3 名队员深入方方面面走访调查，以下是他的调查日志内容。

2019 年 3 月 11 日　周一

今天是驻县的第一天。上午，我们与李县长会面，他介绍了 W 县的基本情况：W 县地处 G 省中部，县域面积 2065 平方公里，总人口 34.5 万人，其中农业人口 32.2 万人，共辖 12 镇 4 乡 217 个行政村。该县共有贫困户 1.73 万户，贫困人口 7.45 万人，贫困面 21.59%，是 G 省深度贫困县之一，脱贫攻坚任务十分艰巨。

下午，我召集队员开了碰头会，让大家谈谈各自想法。王老师想重点关注教育问题，他说：“扶贫先扶智，让孩子们接受良好教育，是阻断贫困代际传递的重要途径。”马医生想重点关注医疗问题，她准备先从县医院着手了解情况。张主任是农业技术专家，他告诉我们，W 县素有“中国马铃薯良种之乡”之称，他想重点关注农产品种植及深加工方面的问题。而我想重点关注一下县里的就业问题，“授人以渔”才能真正帮助贫困户过上好日子。

2019年3月12日 周二

上午，我们一起去了北寨镇。W县真是个神奇的地方！奇特的地形地貌和特殊的气候条件造就了如画般的自然景观。有高山，有森林，还有水系，自然风光非常美丽。把绿水青山变成金山银山，将丰富多彩的自然风光与脱贫攻坚工作结合起来，对县里的脱贫工作乃至未来的长远发展都会起到很大作用。

下午，我和马医生去了县医院。县医院的门诊大楼刚翻新，就医环境看起来还不错，但进一步走访发现，医疗设备陈旧老化，像B超机、核磁机、CT这类设备已多年没有更换。比起设备，人才短缺、技术落后是更大的问题。医院乔院长说："两年来只招到两个人，上个月还走了一个，去了省里的大医院。招不到人便没有办法提升技术。无法提升技术，便没人来看病，更留不住人才。"我们了解到，该院新招的医务人员，每月工资有六七千元，对于一个贫困县来说，这样的工资并不算低。可为什么留不住人呢？乔院长告诉我们，这与医生自身职业发展的特点有关。医生技术的进步需要不断学习，只有接触更多的患者，见识更多的病例，才能让自身医术不断提高，解决更多疑难病例。而只有大医院才能给予这样的成长机会和平台。

从县医院出来，我们去了贫困户老杨家。"别人拿钱供孩子读书，我是拿钱供孩子看病。"这是老杨对我说的第一句话。原来，老杨大儿子患有重度糖尿病，大部分时间在病床上度过。"在县医院治疗效果不怎么好，可又没钱带他去大医院看，只能先吃药维持吧。"老杨说，"今年我种了不少香菇和羊肚菌，等多攒些钱就带儿子去外地看病。"

2019年3月13日 周三

今天，我和王老师与县教育局刘局长一起去县城的育红中学考察。去的路上，刘局长告诉我们，专任教师数量不足、整体素质不高是当前的大难题。育红中学算是 W 县教学条件比较好的学校了，但是学校除了购置必需的教学、办公用品来维持正常的教学工作外，已无能力添置电教设备、教学挂图、投影仪等教辅设备，学校连一个图书室都没有。教师们知识结构老化、教学方式陈旧。面对课改的新要求，他们明显力不从心，更谈不上运用现代化教学手段了。由于经费紧张，老师们也没有参加业务培训和到外地听课学习的机会。育红中学黄校长说："教学条件差、待遇低，难以吸引优秀人才来任教。没有人才，就难以提高教学水平，这是个恶性循环。"

2019 年 3 月 14 日　周四

这几天，张主任跑了好几个镇，走访了几家企业，深入了解 W 县产业发展的状况。张主任告诉我们，马铃薯、中医药、食用菌是县里三大优势产业，已初步形成主导产业雏形，但产业布局零星分散，基础设施建设严重滞后，没有形成区域发展、规模发展，产业集中度不高。全县产业发展的科技支撑体系还不健全，特别缺乏科研技术人员。

下午，我和张主任一起去了马铃薯种植基地。基地负责人说，现有产品仍以初级产品为主，缺乏深加工增值，没有形成品牌效应，导致市场竞争力弱，盈利能力不强。由于缺乏技术专家指导，村民在种植过程中遇到的问题经常得不到及时解决。

2019 年 3 月 15 日　周五

一大早，我和张主任去了一家食用菌生产企业，就是收购贫困户老杨种植的香菇和羊肚菌的那家。这家企业的吴经理告诉我，县政府去年就想把三家食用菌生产企业整合起来，打造一个食用菌产业园区，可迟迟没有落地。人手不足是一大难题，很多种植农户外出务工了，留在家的又缺乏种植技术。回来的路上，我琢磨着，要是能将无法外出务工的贫困人员吸引到食用菌产业园区中，让村民"不出村、有活干、把钱赚"就好了。

下午，队员们聚在一起，商讨如何利用自身优势，开展后续扶贫工作。

经过一周的走访调查，大家更加坚定了打赢脱贫攻坚战的信念与决心。

◎问题

假设你是队长小陈，请根据“给定材料4”提供的调查日志内容，拟定脱贫攻坚队下一步工作的主要任务及措施。

要求：要点完整，措施具体，条理清晰。不超过500字。

◎答题思路

根据题干分别从医疗、教育、产业三个角度进行梳理分析，并结合自身掌握的知识形成答案。

◎答题范例

一、医疗方面

（一）主要任务：提高医疗水平。

（二）主要措施：加大医疗投入力度，落实政策保障。1. 改善医疗设施。申请资金支持，更新医疗设备。2. 注重人才培养。整合学习资源，提供人才成长机会和平台，稳定医疗队伍。3. 完善医疗保障制度。落实新农合和大病保险，解决看病贵的问题。

二、教育方面

（一）主要任务：提升教育水平。

（二）主要措施：加大教育投入力度，提升教学质量。1. 加大设施投入力度。更新教学设备，完善基础教学设施。2. 提升教师待遇。吸引优秀人才任教。3. 加大培养力度。开展教师交流轮岗，制定培训计划，更新教师的知识结构和教学方式，提升教师素质。

三、产业方面

（一）主要任务：实现产业振兴。

（二）主要措施：推动产业振兴，发展农村经济。1. 整合产业。加强基础设施建设，推动产业布局，建立产业园区，成立合作公司，实现产业区域发展、规模发展、集中发展。2. 推动产业升级，发展加工业，提高产品附加值，提升品牌意识，提升产品竞争力。3. 加大农业科技投入力度。引进科研技术人才、配备技术专家指导；吸引贫困人员回村创业。

第五章

应用文写作

标题立在正中央，贯穿全文总方向。
称呼需要顶格放，表示尊敬有涵养。
主体内容须完美，主题思想是核心。
结语做到意言尽，前后呼应显严谨。
落款署于右下方，明确作者与度量。

应用文写作是公务员申论考试五大题型之一，被称为“贯彻执行题”，一直是各位考生公考路上的“拦路虎”。尤其是应用文文种较多，考生在考试过程中不知如何作答，往往会占用大量的宝贵时间去思考。因此，考生一定要加强应用文写作练习，多总结、多积累！

日常工作中，应用文的类型很多。例如，会议纪要就是客观全面概括会议的主要内容；学习体会就是概述学习内容＋谈认识＋对策（今后工作中如何落实会议精神）；调查问卷就是问卷介绍＋问题设置＋选项；调研报告就是基本情况＋深层次情况（分析原因、影响）＋对策建议；工作计划（方案）就是发文事由（交代上级精神、本地实际情况）＋对策措施；倡议书就是发文事由＋宣传内容＋呼吁号召；讲话稿就是开场白＋讲话内容＋结语；短评、短文就是开头（引入话题、交代观点）＋分析观点（现状、原因、影响）＋结尾；编者按就是“编者按（顶格）：”＋材料内容概括＋分析＋呼吁号召；指导意见就是发文事由＋措施意见；整改通知就是发文事由＋整改要求＋时间期限；工作总结就是工作成绩＋存在问题＋对策措施；等等。

●举例：座谈会发言提纲

标题：融入长三角一体化座谈会发言提纲

导语：×市借长三角一体化发展的东风，“问海借力，山海携手”，让大上海的风吹进千里之外的山区。

主体：

1. 打好“两张牌”，结亲走亲。

（1）打“感情牌”，主动结亲。带着“上海有什么，×市缺什么”“×市有什么，上海缺什么”等问题“主动敲门”。与×市签订战略合作协议，确定合作项目。（2）打“亲情牌”，互访走亲。为落实定期互访、联席会议等制度，× 市成立领导小组，先后多次到上海对接。接着上海回访 × 市。

2. 迈好“两条腿”，内引外销。

（1）走出去“借船出海”。× 市产品在上海销量实现……（2）请进来“引凤入巢”。……项目落户 × 市，实现美人之美，美美与共。

3. 促进“两提升”，创新创造。

（1）企业观念大转变。针对市场需求，推出适合上海的……（2）干部理念大提升。组织干部“头脑风暴”，拓宽视野和理念，增强底气和自信，启发乡村振兴探索模式，谋划……推出……

结语：展望未来（也可不写结语）。

●举例：通知

国务院办公厅关于批准 × 市城市总体规划的通知

（发文机关 +“关于”+ 内容 + 文种）

× 省人民政府：（主送机关：文章说明）

你省关于报请审批 × 市城市总体规划的请示收悉。经国务院批准，现通知如下：

（文章写作缘由）

一、国务院原则同意《× 市城市总体规划（2006—2020 年）（2017 年修订）》（以下简称《总体规划》）。× 是 × 地区中心城市。《总体规划》实施要深入贯彻……

二、重视城乡区域统筹发展。在《总体规划》确定的城市规划区域范围内，实行城乡统一规划管理。……

三、合理控制城市规模。到 2020 年，中心城区常住人口控制在 170 万人以内，城市建设用地控制在 161.5 平方公里以内。……

（主体内容：具体通知事项）

× 市人民政府要根据本通知精神，认真组织实施《总体规划》，任何单位和个人不得随意改变。你省和住房城乡建设部要加强对《总体规划》实施工作的指导、监督和检查。（结尾：提出工作要求，落实决策部署）

国务院办公厅（发文机关：谁起草的）

2017 年 2 月 4 日（日期：阿拉伯数字）

如何才能让应用文写作为考生公考之路锦上添花？接下来本章节将梳理出多种常见的应用文写作类型，以供考生借鉴参考。

第一节　提纲

一、发言提纲

材料 1：2023 年第 1 期《时事报告》申论模拟试题

S 省 Z 县的金米村地处秦巴山区集中连片特困地区的核心区，受困于地理环境，山大沟深的金米村耕地面积十分有限，曾是极度贫困村。之所以取名“金米”，是寄托了老百姓“山上有金，地上有米”的美好愿景。如今，这个秦岭深处的小山村已是天地一新。“132 座钢构大棚、5 座智能连栋大棚、120 亩地栽基地、13 家农家乐、60 亩水果采摘体验园、120 亩旱园竹套种基地……”说起村里的木耳经济，金米村党支部书记、村委会主任李正森难掩喜悦。（今昔对比金米村的发展）随着木耳产业的快速发展，金米村还成立了股份合作社，先后引进 5 家农业龙头企业，建成木耳大数据中心、木耳菌包生产厂和木耳分拣包装生产线。

实现这一切，离不开基层党组织的带动作用。（1. 基层党组织带动，“小木耳”成就“大产业”）调研组了解到，在金米村示范带动下，Z 县全县各村（社区）党组织也普遍成立了木耳产业合作社，推行“党支部 + 合作社 + 农户”“党员中心户 + 农户”模式，通过支委联产业、党员联农户，党员带头致富、带领群众致富的“双联双带”模式，帮助农户稳定增收。“有支部引领、党员示范，大家就有了主心骨！”在外做了 20 年矿工的村民陈庆海回村种木耳，头一年就挣了 3.5 万元。不到两年时间，金米村种植木耳的农户就由二三十户增加到近百户。现在，耳农种木耳有技术员指导，木耳收获有合作社收购，木耳市场有电商渠道和大数据支撑，木耳菜、木耳宴在农家乐也备受欢迎。

Z 县大力推动木耳精深加工，不断延长产业链条，把每一朵木耳都充分利用，实现环环增值。全县精心策划包装了 40 个总投资 158 亿元的木耳全产业链项目，（2. 延长产业链条，“多举措”铸牢“金饭碗”）通过“走出去、请进来”的方式，引进 25 个总投资 27.38 亿元的补链强链产业项目，带动发展木耳初加工企业 7 家、深加工企业 6 家、销售企业 6 家。乡村产业发展最缺的是启动资金，Z 县通过整合扶贫专项资金、各类支农资金，撬动社会资金集中投向木耳产业，推动木耳产业规模迅速扩大。

结合当地得天独厚的旅游资源，Z 县千方百计推进木耳产业与休闲农业、乡村旅游有机结合。全县策划建设了 8 条木耳产业与旅游深度融合的沟域经济带，形成“赏木耳景、吃木耳宴、品木耳情”综合业态，打造了以木耳为主题的 3A 级景区。“小木耳让 Z 县人端上了金饭碗。”Z 县县委书记崔孝栓说。通过建设观光产业园、特色小镇，Z 县探索出一条以木耳带动乡村旅游、增加农民收入的发展之路，实现文旅融合发展，真正将“小木耳”做成“大产业”。

“随着自然保护意识的提高和技术的进步，我们开始以木屑、果枝为主取代天然柞木做菌包原料，不仅保护环境，还提升了木耳产量、扩大了利润空间。”金米村木耳展厅里，讲解员江长宏说，废弃菌包也不会浪费，废菌棒可以制成饲料、有机肥、生物燃料，废菌袋可以回收制成塑料颗粒，实现循环利用，化害为利，保护环境。“近年来，Z 县积极践行‘两山’理念，把绿色发展贯穿木耳产业发展全过程。”崔孝栓表示，Z 县坚持念好“山字经”、做好“水文章”、打好“生态牌”，以山清水秀的优质环境打造木耳产业发展最优区。（3. 践行“两山”理念，“优环境”打好“生态牌”）

依托山水田园资源，金米村对村域布局、产业发展和乡村风貌进行高标准统筹规划，形成了“一院一景，一户一韵”的特色风格。村里的水泥路直通各家各户，家门口修建了别致的生态花园，太阳能路灯节能环保，750 米排污管道实现了污水净化“全自动”。村级文化娱乐广场上修建了仿古凉亭、中心舞台，设立了中心地标石，筑起了镂空镶嵌的文化墙，为村民茶余饭后休闲娱乐提供了舒适环境。（4. 高位统筹规划，“新布局”促进“优生活”）

人不负青山，青山定不负人。在曙光的映射下，一幅乡村全面振兴的美丽画卷，正在秦巴山区深处徐徐展开。（呼吁号召与未来展望）

◎问题

为巩固拓展脱贫攻坚成果，更好实现乡村振兴，S 省 Z 县举办经验交流会，你作为金米村负责人应邀参加。请根据“给定材料 1”撰写一份发言提纲，介绍金米村脱贫致富、走上乡村振兴道路的成功经验。

要求：紧扣材料，内容全面；逻辑清晰，语言流畅；600 字左右。

◎答题思路

1. 提出背景。金米村先后发生的变化。

2. 主要经验做法。

3. 呼吁号召，提出对未来的展望。

注：首先，提纲不是把文章的所有内容都非常细致地写出来，而是把主要内容提纲挈领地概括出来。其次，经验是一种成功的做法，是对材料里面的具体做法进行提炼、概括、总结。最后，要注意行文结构，开始做背景介绍，中间讲成功经验，结尾进行总结。

发言提纲与发言稿不同，必须区别对待。①形成时间不同。发言提纲是发言稿成文之前打的“草稿”。②公文格式不同。发言稿要求有标题、称谓和正文内容等完整格式，发言提纲的格式有标题即可。③公文内容不同。发言稿要求必须是成文的公文，语言要符合发言的对象、场景，有感染力等。发言提纲按点按条罗列要点即可，不需要成文。

◎答题范例

“小木耳”成就“大产业”金米村终成“金米”村

一、背景提出

大家好！我是金米村负责人，今天很荣幸能够受邀参加Z县举办的经验交流会。（发言人自我介绍）金米村位于大山深处，耕地面积十分有限，曾是极度贫困村，因老百姓对“山上有金，地上有米”的美好愿景而取名为“金米村”。如今的金米村已天地一新，村民人均收入呈逐年增长态势。（金米村今昔发展对比）下面，我简要介绍一下金米村实现脱贫致富的一些主要经验做法。（引出经验做法）

二、经验做法

1. 基层党组织带动，“小木耳”成就“大产业”。（1）通过支部引领、党员示范，帮助农户稳定增收；（2）村集体成立股份合作社，引进农业龙头企业，借助电商渠道和大数据支撑，撬动木耳产业。

2. 延长产业链条，“多举措”铸牢“金饭碗”。（1）通过“走出去、请进来”的方式，引进补链强链产业项目；（2）政府加大资金扶持力度，撬动社会资金，集中投向木耳产业；（3）结合当地旅游资源，推进木耳产业与休闲农业、乡村旅游有机结合，实现文旅融合发展。

3. 践行“两山”理念，“优环境”打好“生态牌”。（1）利用环保原料，实现循环利用，化害为利，保护环境；（2）坚持念好“山字经”、做好“水文章”、打好“生态牌”，以优质环境打造发展最优区。

4. 高位统筹规划，“新布局”促进“优生活”。（1）依托山水田园资源，统筹规划村域布局、产业发展和乡村风貌，形成特色风格；（2）完善硬件基础设施和休闲娱乐设施，为村民提供舒适环境。

三、展望

1. 望得见山，看得见水，记得住乡愁。金米村以实际行动，在产业发展、群众增收、人居环境等方面，向群众交出了一份“满分”答卷。

2. 我们坚信未来金米村描绘的乡村振兴画卷会徐徐铺展开来，越来越美丽。谢谢大家！

二、经验介绍提纲

材料 2：2021 年第 9 期《时事报告》申论模拟试题

夏日的 G 村万物勃发，一派生机盎然的景象：一条条乡村公路连通村组，一座座蔬菜大棚建起来了，一片片绿色的田野散发着无限生机……2021 年，G 村被命名为“国家美丽宜居村庄示范村”，成为远近闻名的“标杆村”。

2012 年，G 村集体以租赁和合作的方式，盘活沉睡的荒沙地资源，在该村周边集聚丰禾、沃禾、湖羊场等 11 家投资规模大、基础设施完善的涉农企业。扶持涉农龙头企业和生态农业种植大户，初步形成蔬菜、草莓、葡萄、食用菌、生猪养殖、新能源等多元产业深度融合发展的新格局。近年来，G 村种植地膜玉米等农作物 1000 多亩；修建占地 490 多亩的日光温室大棚 52 座，棚内种植西红柿等十多种蔬菜瓜果，经济效益尤为显著。除此之外，G 村还招商引资，建成占地总面积 300 多亩的标准化万头种猪场、占地面积 110 亩的标准化养羊场。

村“两委”以造福群众为核心，抢抓国家“美丽乡村”建设的政策机遇，制定《G 村美丽乡村规划》，专门成立和谐新村筹建领导小组。经过多方调研论证，从新村选址、规划设计、房屋样式、配套设施到村民就业、分房入住、户型类别等与村民切身利益密切相关的每一环节，向群众透明公开全过程，自觉接受群众监督，赢得了广大村民的高度信任和大力支持。G 村党支部克服重重困难，在短短两三年时间里，就实现了旧村 1056 人的集中搬迁，每家每户都住上了漂亮的新房。G 村总投资 8290 万元，建成红白理事大厅、文化活动广场、音乐喷泉、医务室、超市、图书室、幼儿园、老年活动中心、老年人日间照料中心等。设施齐全、功能完善、生态宜居的现代化新型农村社区，荣获“全国美丽乡村示范村”称号。

同时，村“两委”紧紧围绕社会主义核心价值观，多措并举，积极引导村民在“富口袋”的同时“富脑袋”。依托村文化广场等资源，组织村里文艺爱好者成立秧歌队、锣鼓队、广场舞队，利用农闲时间，自编自演小品等传递正能量的文化节目，寓教于乐。党员们积极带头、村民们广泛参与。村“两委”建立健全村级道德模范和身边好人评选表彰机制，每年组织开展一两次新民风建设表彰大会，评选表彰“十星级文明户”“最美家庭”“致富能手”等典型。通过树立身边典型，积极营造风清气正、家庭和睦、尊老爱幼、遵纪守法的 G 村文明乡风。结合村情实际出台“文明公约”，助推农村精神文明建设，设立“红黑榜”，对违反公约的村民进行通报批评，确保“文明公约”的落实。

在距 G 村 15 公里的 J 镇，G 村村民高某创办的神木鑫义能源化工企业吸纳近百名 G 村村民就业，还有 G 村十余名乡贤每年都给村集体无偿捐赠物品或现金用于公益事业，其中G村村办老年灶让老年人吃上了安全、放心、美味的饭菜。

人居环境的彻底改变，吸引了来自四面八方的投资者，奠定了G村集体经济壮大的基石。眼下的G村，家家有产业、户户有分红，生活富裕、乡风文明，呈现富裕和谐、朝气蓬勃的美好景象。

◎问题

一个外省考察团要到G村学习脱贫致富的经验，根据“给定材料2”，请给G村领导撰写一份经验介绍提纲。

要求：全面、准确、简明、有条理；不超过300字。

◎答题思路

1. 背景提出。

2. 经验介绍。

3. 结语或展望。

◎答题范例

关于G村脱贫致富经验的介绍提纲

一、背景提出

近年来，G村创新发展，多措并举，最终实现了全村的脱贫致富，还被命名为“国家美丽宜居村庄示范村”，成为远近闻名的“标杆村”，实现了华丽转身。现将G村主要经验做法简要介绍一下。

二、经验介绍

1. 发展产业规模化。以租赁和合作的方式盘活资源，扶持龙头企业和种植大户，促进多元产业深度融合发展。

2. 乡村规划科学化。重视与村民利益相关联的环节，投资建设基础设施，自觉接受群众监督。

3. 乡风建设文明化。依托村级资源，举办寓教于乐的文化活动，助推乡风文明建设，传递正能量，党员积极带头，村民们广泛参与。

4. 改善民生常态化。发挥乡贤带动效应，吸纳村民就业，推动村公益事业发展。

三、结语

民族要复兴，乡村必振兴。眼下的G村，家家有产业，户户有分红，村民过上了宜居宜业、和美幸福的生活。

三、调研报告提纲

材料 3：2023 年第 9 期《时事报告》申论模拟试题

四月的乡村，惠风和畅，槐花飘香。在Q县孟里寨村文化广场上，考察团成员看到，Q县“文艺红色轻骑兵”焦裕禄精神小分队宣传贯彻党的二十大精神文艺演出活动在热情洋溢的舞蹈《春风十万里》中拉开序幕，随后，歌曲《精忠报国》、唢呐独奏《百鸟朝凤》、豫剧清唱《包青天》等精彩节目逐一亮相。通俗易懂的节目将理论宣讲融入文艺演出，让党的二十大精神深入人心，吸引了广大群众前来观看。台上好戏轮番上演，台下掌声笑声不断，在场群众纷纷向考察团表示，“不出村就能看到这么精彩的表演真好，不仅给生活添了乐趣，也让村里更加热闹了，希望以后这样的活动多多举办”。

“这种文艺演出活动充分发挥了宣传教育和引导群众的独特作用。它通过群众喜闻乐见的形式，展现了新时代文艺界昂扬向上的精神风貌和发展成果，也让党的创新理论‘飞入寻常百姓家’。（1. 加强文艺宣传推广）让广大群众感受到时代脉搏，进一步树立起干群齐心协力加快建设美丽乡村的信心和决心。”考察团成员感叹。

Q县县委书记向考察团介绍，近年来，Q县以打造美丽乡村为抓手，在深度挖掘乡村历史文化基础上打造了曹屯村、鹿台岗村等多个文化主题乡村，复建了“庆合堂”明清古代建筑，重塑了“庆合堂”乡村文化符号。同时，积极引导群众种植油菜、玫瑰花等，发展特色种植业，开展乡村农业观光旅游，（多措并举）（2. 挖掘历史文化传统）使Q县成了宜居、宜业、宜商、宜游的美丽乡村和文化旅游乡村。（背景的提出）

Q县还推出“遛娃计划”“露营计划”“下午茶计划”等多种游玩计划，通过“Q县文旅”微信公众号持续推送内容，内容涵盖旅游六要素、出行提示等方面，确保篇篇有重点、日日有新品。围绕游玩计划，Q县举办“我们的中国梦——文化进万家”文艺演出景区行系列活动和Q县柯坦牛王寨登山文化旅游节等主题活动，为广大游客提供可看、可听、可学的文化旅游项目。（3. 创新举办主题活动）

同时，通过开放“冶父号”小火车、万山绿乐园、奇迹农庄等新建文化旅游项目，打造全域旅游促进乡村振兴新样板，极大地激活了当地文旅市场，努力让县内网红景区“亮起来”、人气“旺起来”、游客“聚过来”、经济“活起来”，不断为广大市民节假日出游提供丰富多彩的旅游产品与休闲体验。（4. 激活旅游消费市场）

目前，乡村文化旅游已成为畅通城乡经济循环、促进产业关联互通的重要桥梁，为构建新发展格局贡献了独特力量。考察团成员了解到，Q县在推进乡村文化振兴过程中，通过盘活利用乡村闲置农舍资源，大力发展乡村旅游民宿、农家餐馆、农舍总部经济等业态，积极吸引产业下乡、游客来乡、人才回乡，实现了“农房变客房、创意变生意、农品变商品”。Q县通过文化赋能，持续激活乡村发展内生动力，带动村集体增收和农民致富。（5. 盘活乡村闲置资源）据统计，Q县目前已建成精品民宿16家，在建34家，农家餐馆200多户，每到节假日，精品民宿一床难求。

Q县县委常委、宣传部部长表示，下一步，Q县将全面推进“文旅+”发展新路径，通过发展文化产业，为乡村文化发展提供内生动力，（总结与展望）着力建设文化旅游强县和长三角知名生态休闲旅游度假地。

◎问题

假如你是考察团的工作人员，请根据“给定材料3”，写一份关于Q县乡村文化发展经验的调研报告提纲。

要求：紧扣材料，要点完整；内容具体，条理清晰；不超过500字。

◎答题思路

1. 发展背景提出。

2. 主要经验举措。

3. 总结与展望。

注：调研报告是对客观实际情况进行调查了解、“解剖麻雀”，并对全部情况和材料进行分析研究，揭示本质，找出规律，总结经验，以书面形式陈述的一种文体。提纲是把调研内容的纲目和要点提纲挈领地列出来的一种文体。调研报告提纲就是把材料中的经验提纲挈领地列举出来的一种形式。

提纲版的公文与完整版的公文在写作上是有区别的。提纲版公文是书写完整版公文之前的架构，一般只写一二级标题即可。

◎答题范例

关于Q县乡村文化发展经验的调研报告提纲

一、背景提出

近年来，为推动乡村文化发展，Q县以打造美丽乡村为抓手，创新举措，为乡村文化发展提供内生动力，使Q县成为宜居、宜业、宜商、宜游的美丽乡村和文化旅游乡村。

二、经验做法

1. 加强文艺宣传推广。通过群众喜闻乐见的形式，将新时代党的创新理论融入通俗易懂的文艺节目，让党的创新理论“飞入寻常百姓家”。

2. 挖掘历史文化传统。以美丽乡村为抓手，打造主题文化乡村，复建古代建筑，重塑文化符号。产业发展塑造旅游品牌：引导群众发展特色种植业，开展观光旅游，举办旅游节，塑造旅游文化品牌。

3. 创新举办主题活动。推出多种游玩计划，通过微信公众号推送内容；围绕游玩计划举办系列活动和主题活动，丰富文化旅游项目内容。

4. 激活旅游消费市场。开放新建文化旅游项目，打造乡村振兴新样板，激活当地文旅市场，丰富旅游产品和休闲体验。

5. 盘活乡村闲置资源。通过盘活利用乡村闲置农舍资源，大力发展乡村旅游新业态，通过文化赋能，持续激活乡村发展内生动力，带动村集体增收和群众致富。

三、总结与展望

文脉如水，文化浸心。下一步，Q 县将全面推进“文旅 +”发展新路径，通过发展文化产业，为乡村文化发展提供内生动力。

四、工作报告提纲

材料 4：2020 年山东公务员考试申论试题（A 卷）

2019 年初，Z 市新区行政服务大厅在全市率先开设线上线下“找茬窗口”征询通道，邀请市民、企业来给政府工作找问题出主意，通过“找茬窗口”收集群众关注度高的问题和建议，并对收集到的意见建议进行汇总、分析、派发、跟踪和督促，做到群众有所呼、政府有所应。经过两个多月

时间，新区通过“找茬窗口”共收集企业和市民意见建议 234 条，目前均已妥善处理。（做法背景）

过去，企业和个人来办事，遇到不确定的问题都要到办事窗口进行咨询，有时候只是为了确认一个小问题，往往要在办事窗口排很长的队伍，浪费了办事人的时间，也占用了中心受理业务的资源。办事人在“找茬窗口”反映该问题后，新区行政服务大厅迅速响应并设立了专门的“解疑专员”，为办事市民答疑解惑。后来又主动求变，针对咨询最多的企业办证的各种问题，准备好一份份答疑“贴士”。这些“贴士”分门别类地按照企业设立、变更、注销等诉求，将办理过程中可能遇到的疑难问题和解答方案、办事需准备的材料一一罗列清楚，大大方便了群众办事。“找茬窗口”办事员小王在接受采访时，开心地说道：“群众和企业上门来‘找茬’，刚提出问题，答案就交到他们手上了……新区行政服务大厅的‘找茬窗口’，解决的不仅是办事的效率问题，还改变了我们政府工作人员的心态。”（1. 主动答疑解惑，便利群众办事）

政府邀请市民、企业来“找茬”，会不会只是一场“秀”？带着这个疑问，某公司的负责人朱女士来到新区行政服务大厅小王所在的窗口，在窗口前，她说出了自己的困惑：“餐饮企业办理餐饮许可证和营业执照时，往往需要重复提交不动产权证、租赁合同、股东信息等材料，这对企业来说不仅仅是多交几份复印件，还因为审批和办证时间延长，可能错过开业的最好时机。新区的行政办事窗口在物理上已经打通了，是否可以进一步实现信息的共享呢？”

让她没想到的是，一周后，她就得到了反馈。相关部门回复她说，新区已经与市公众网管理中心和市不动产登记局进行了沟通，在新区行政服务大厅设置查询打印终端，根据市不动产登记局许可，开放相关房产登记信息的查询打印服务，避免企业重复跑腿。同时，新区将合理优化相关审批流程，探索其他房产信息证明材料的简化举措，进一步提升企业满意度。

（2. 实现信息共享，解决企业困惑）

鉴于朱女士提出的宝贵意见，新区决定邀请朱女士成为政府“啄木鸟专员”。所谓“啄木鸟专员”，就是政府为更好地发现自身工作中存在的问题，从各行各业中聘请的为政府“找茬”的社会人士。朱女士说，自己看到了政府的诚意，今后愿意当好“啄木鸟”，继续为政府“找茬”。同为“啄木鸟专员”的何先生，聚焦老旧小区，解决了某老旧小区的卫生环境差、安全隐患多等问题，而且还针对老城区部分小区无物业管理问题提交了调研报告，问题得到圆满解决；新聘任的“啄木鸟专员”费先生替群众反映的违建问题，两天内就解决了……（3. 聘请社会人士，发现政府问题）

新区行政服务中心这一好的做法，迅速在全市得到推广。每年底，市行政服务中心对当年受理的线上线下的意见建议进行全面梳理，形成经典案例，编制年度“啄木鸟”优秀案例集。市行政服务中心还建立了“啄木鸟专员库”，在平等、自愿、坦诚的基础上，与“啄木鸟专员”建立长期合作交流机制，定期举行专员会议，从社会、市场和企业的视角提出意见建议。Z 市市委书记指出：“在政府服务和城市管理工作中，地方党委和政府如何听到百姓声音、如何回应百姓关切是需要创新和探索的。改革无止境，今后，我们还将加大力度，多措并举，进一步提高政府的行政效能。”（4. 形成典型案例，建立长效机制）

◎问题

省政府对 Z 市设立“找茬窗口”等举措高度重视，要求该市提交一份工作报告。请根据“给定材料 4”，写一份工作报告提纲。

要求：要点完整，内容具体，条理清晰；不超过 450 字。

◎答题思路

1. 规范题目标题。

2. 主要背景。

3. 具体经验措施。

◎答题范例

一、题目标题：关于Z市设立“找茬窗口”等举措的工作报告提纲。

二、主要背景：为进一步深化“放管服”改革，优化营商环境，Z市新区行政服务大厅在全市率先开设线上线下“找茬窗口”征询通道，收集群众关注度高的问题和建议，做到“群众有所呼、政府有所应”，此做法值得借鉴并已在全市进行推广。

三、具体经验措施：

1. 主动答疑解惑，便利群众办事。设立“解疑专员”，为办事市民答疑解惑；准备分门别类的答疑“贴士”，方便“找茬”群众解决问题，改变工作人员心态。

2. 实现信息共享，解决企业困惑。通过沟通协调，在新区行政服务大厅设置查询打印终端，合理优化相关审批流程，进一步提升企业满意度。

3. 聘请社会人士，发现政府问题。从各行各业中聘请社会人士成为“啄木鸟专员”，更好地发现政府自身工作中存在的问题。

4. 形成典型案例，建立长效机制。全面梳理受理的意见建议，形成经典案例；编制年度“啄木鸟”优秀案例集；建立“啄木鸟专员库”，与其建立长期合作交流机制，定期举行专员会议，从社会、市场和企业视角提出意见建议。

五、动员讲话提纲

材料 5：2018 年公务员多省联考申论试题（A 卷）

只需交纳 99 元押金，即可免费把书从书店带回家；10 天内归还可享受免费借阅，押金随时退还；3 个月内读完 12 本书可享返还押金的 8% 作为“阅读奖学金”。日前，W 省新华发行集团旗下的某书店以首创“共享书店”的身份正式亮相。这家书店一度走红网络，有着“全国最美书店”“全国首家 O2O 智慧书城”等称号。“共享书店”实现了由买书到借书，把书店变成自家书房，由个人阅读到共享阅读的重大转变。

“共享书店”是基于对用户需求的分析和把握，依托实体书店的原有资源，通过运营模式的颠覆式变革，实现阅读服务的转型升级。（1. 转变发展思路）该集团总经理说：“近年来，消费者阅读习惯和购买方式发生巨大变化，（背景）我们相信未来所有的书店都会实现共享。如今，我们的‘阅 + 线上平台’已经进驻 100 多家全国知名泛娱乐、自媒体、新媒体，未来还将推出更多理财产品、研学游产品等，打造‘阅 + 生态圈’。”（2. 依托平台优势）

与 W 省新华发行集团异曲同工，商务印书馆的《新华字典》App 日前正式上线。但其每天仅有 2 个字免费体验，完整版需付费的情况引发了争议。

知识付费近年来已被社会逐渐接受，（背景）这是对知识的一种尊重，也是保持产品持续发展、服务用户的必要方式。《新华字典》作为有价值的知识产权，出品方在推出 App 时考虑盈利因素，无可厚非。但是，直接向用户收费的方式是否与现阶段新媒体产业的发展有些脱节？开放和共享是互联网经济的主要特征，（背景）一款收费的 App 既相对封闭，也无法体现共享精神。（3. 平衡盈利因素）《新华字典》要在互联网时代取得成功，前提是满足互联网产品的逻辑、适应互联网发展生态。

◎问题

某省出版发行集团拟召开部分下属企业负责人参加的座谈会，请结合“给定材料 5”的启示，为出席会议的总经理草拟一份“推进信息时代企业转型升级”的动员讲话提纲。

要求：列出一级提纲及要点；切合主题，内容具体；条理清楚，层次分明；不超过 300 字。

◎答题思路

1. 提纲标题：“关于” + 事由 + 文种。

2. 背景提出：依据材料而定（问题式、背景式、影响式、目的式、根据式）。

3. 主要举措：成功经验、借鉴学习的做法。

◎答题范例

一、标题：关于“推进信息时代企业转型升级”的动员讲话提纲。

二、背景提出：近年来，知识付费已被社会逐渐接受，开放和共享是互联网经济的主要特征，消费者阅读习惯和购买方式发生巨大变化。对此，为推进互联网经济的快速发展，加快发展新质生产力，我集团需探索信息化转型升级之路。

三、主要举措：

1. 转变发展思路。依托互联网运行模式，由传统出版转向数字媒体，实现阅读服务的转型升级。

2. 依托平台优势。基于对用户需求的分析和把握，推行共享书店，依托实体书店的原有资源，通过运营模式的颠覆式变革，搭建“阅 + 线上平台”，打造“阅+生态圈”。

3. 平衡盈利因素。产品收费方式存在争议。在满足互联网产品的逻辑、适应互联网发展生态的前提下收费，体现共享和开放精神。

六、宣讲提纲

材料6：2020年山西公务员考试申论试题（省级卷）

刚刚过完入党70周年的“生日”，89岁的他安详离世，走得坦坦荡荡。积蓄，全捐了；最后一笔党费，老伴代交了，有1万元之多……这一生，他是那样简朴，又是那样富足，一生家国情，桃李满天下，留下了闪光的无字丰碑。他曾说，生活过得好，不是追求舒服，而是“无愧我心”。他，就是华南农业大学原校长、中国科学院院士、著名水稻遗传学家卢永根，人们亲切地称他为“布衣院士”。（总结一生，给予高度评价）

生命最后的时光，卢永根躺在病床上，有些疲倦。可一说起当年入党时的情形，他眼中立刻发出明亮的光。“一个很小的房子，墙上挂着党旗。”老人的声音有些颤抖，“举起右手，面向北方，延安就在北方，延安就是我们心中的太阳。”1930年，卢永根出身于香港的一个中产家庭，家里有电话、出门有汽车。11岁那年，日寇占领了香港，他被父亲送回广东老家避难，谁料想，这里也被铁蹄践踏。亲历了国土的沦丧，目睹了国民党政府的腐败，他苦苦寻求着希望和方向。1949年8月9日，卢永根加入了中国共产党。老伴说：“他把入党那一天看成生日，新生命的开始。所以，每年这一天，我都为他过生日。”（对党忠诚）

中华人民共和国成立前夕，卢永根受党组织派遣，离开香港到广州领导地下学联，迎接广州解放。作为华南农业大学的校长，卢永根这样定位自己的三重角色：先党员，再校长，后教授。“虽然我现在疾病缠身，无法行走，但是，我的意识是清醒的，我的牵挂是不变的，我的信仰是坚定的！”岁月时光无法磨灭卢永根的初心。住院不久，卢永根和老伴向党组织郑重申请：“我俩大半辈子都没有离开过党。这个时候，也不能没有党组织生活。”对此，校党委决定，由农学院党委书记等几名党员参加，每月在病房开一次党员学习会。“我全程收看了党的十九大开幕直播，听完总书记的报告，热血沸腾，备受鼓舞。”（信仰坚定）

卢永根大学毕业后留校任教，成为“中国稻作科学之父”丁颖教授的助手。“抗战时，丁老师带着水稻种、番薯种，一直逃难到云南，把种子资源保护下来。”卢永根十分敬佩。丁教授去世后，卢永根在极其艰苦的条件下，带领团队完成了恩师未竟的事业，保存了具有特色的野生水稻基因库，首次提出水稻“特异亲和基因”的新观点。近些年，卢永根研究团队共选育出作物新品种 33 个，在华南地区累计推广面积 1000 多万亩，新增产值 15 亿多元。

曾几何时，在美国的姐姐苦劝卢永根一家移民，可怎么也说不动他。卢永根说：“我是炎黄子孙，要为自己的祖国效力。”他在给留学生的信中写道：“外国的实验室再先进，也不过是替人家干活。”在他的劝导下，多名学生学成归国。“生命诚可贵，爱情价更高；若为祖国故，两者皆可抛！”在一次对学生的演讲中，卢永根化用著名诗句深情表白。晚年，又有人问他为什么非要留在国内，他说：“你向党、向人民做过许诺和宣誓，那自然要遵守了！”（报效祖国）

走进老人的家，仿佛回到 20 世纪中叶。铁架子床锈迹斑斑，挂蚊帐用的是竹竿，一头绑着绳子，另一头用钉子固定在墙上；台灯是几十年前的款式，收音机坏了一修再修……“这些东西没有用光用烂，还能用，物还没有尽其用。”卢永根说，“床已经很好了，我们刚结婚时，4 个条凳架上板子，就是床。”出门，80 多岁的老两口背着双肩包、头戴遮阳帽，挤公交、换地铁；吃饭，叮叮当当拎着饭盒，和学生一起在食堂排队打饭，吃得一粒米都不剩。看到有学生剩饭，卢永根总忍不住提醒："多少株水稻才能出一碗米饭？"

880多万元储蓄，老两口没有留给唯一的女儿，一分不剩，全部捐给华南农业大学成立的"卢永根教育基金"。这些壮举，卢永根说是"还"："党培养了我，这是我做最后的贡献。"老伴也说："国家给了我们许多，我们用不完了，当然要还回去。"不仅"还"钱，他们觉得连生命都是党和国家的，也要"还"回去，双双办理了遗体捐献手续。

"布衣院士"卢永根走了，走得干干净净、清清爽爽。他不留财产、不留遗体、不留墓碑，但是，他却留下了很多很多……

◎问题

某省正开展优秀共产党员先进事迹巡回宣讲活动（主题），假设你是宣讲团的成员（身份），请根据"给定材料6"（指定范围），撰写一份"布衣院士"卢永根先进事迹（内容）的宣讲提纲（文种）。

要求：紧扣材料，内容全面；语言准确，有逻辑性；不超过400字。

◎答题思路

1. 提纲标题。

2. 个人简介。

3. 主要事迹。

4. 进行总结。

◎答题范例

一、提纲标题：关于"布衣院士"卢永根先进事迹的宣讲提纲。

二、个人简介：卢永根，华南农业大学原校长、中国科学院院士、著名水稻遗传学家。1930年出生，1949年入党。他一生简朴又富足，一生家国情，桃李满天下，人们亲切尊称他为"布衣院士"。

三、主要事迹：

1. 信仰坚定，对党忠诚。把入党那一天看成生日，新生命的开始；受党组织派遣，离开香港到广州领导地下学联，迎接广州解放；身患重病仍坚持申请参加党组织生活，在病房开党员学习会。

2. 积极工作，报效祖国。在极其艰苦的条件下，带领团队完成恩师未竟的事业，保存野生水稻基因库，首次提出水稻“特异亲和基因”的新观点；不顾亲人劝阻，坚持为祖国效力；劝导多名学生学成归国；遵守对党和人民的誓言。

3. 生活节制，勤俭节约。做到物尽其用；出门乘坐公共交通工具；吃食堂，提倡节约，珍惜粮食。

4. 不负人民，奉献社会。全部积蓄，捐赠给“卢永根教育基金”；捐献遗体。

四、总结：卢永根走了，他不留财产、不留遗体、不留墓碑，但是，他却留下了很多很多……

七、展览提纲

材料 7：2020 年江苏省公务员考试申论试题（A 卷）

“小巷总理”是许多人对居民委员会主任的尊称，因为居委会主任工作在街头巷尾，负责的事务又包罗万象。在中国，“小巷总理”代表了一种制度，一种基层治理模式。从它诞生的那一刻起，“小巷总理”就被赋予了“人民当家做主”的基因。《中华人民共和国城市居民委员会组织法》中明确规定：“居民委员会是居民自我管理、自我教育、自我服务的基层群众性自治组织”“由城市居民群众依法办理群众自己的事情。”在法律的保障下，“从人民中来，为人民服务”的理念在“小巷总理”身上体现得格外直观

且清晰。（内涵）

嗓门大、走路快、办事麻利、精神头足，你完全看不出黄大妈今年已经78岁了。退休前，她担任S市某社区书记、居委会主任。2002年，朱镕基总理来S市考察，黄大妈汇报下岗职工再就业工作时，用一套又一套的顺口溜讲出了自己通过走家串户集思广益研究出来的一个个“土办法”，让一向严肃的朱总理笑着称赞道：“你给群众办了那么多实事，‘小巷总理’真不简单啊。”（老一辈“小巷总理”成就介绍）

网络时代的到来，给新一代“小巷总理”提供了更为广阔的舞台。党的十九大报告中指出，要“打造共建共治共享的社会治理格局”“推动社会治理重心向基层下移”。“人民当家做主”的内涵在新时代变得更加饱满和充实。小高是一名80后，担任S市某社区书记、居委会主任已有10年，社区共有14个小区，常住居民7000多户，居民人数近2万人。小高这位“小巷总理”的工作离不开手机，只要拿出手机，他就是一呼百应的“网红”。

为及时听取社区居民意见，小高在网上设立了一个“民生议事厅”。议事厅会议定期召开，让居民出点子、拿主意，一起研究讨论社区建设、社区事务和社区服务问题。曾经，当地治安问题频发，民生议事厅就议出了巡逻防控队的方案。退休老干部担任防控队队长，带动一批居民每天巡逻，维护治安。社区里老年人多，腿脚不便，民生议事厅又研究出一个“党员代办中心”。社区里的年轻党员轮流为老年人代办老年证、乘车卡，代交水费、电费。到后来，理发、修鞋、修家电都可以找社区里的代办中心。“一网一格多功能”工作模式是该社区的特色。一网指现代化网络，一格指社区内300个住户为一格。“我们一共有25个网格，每个网格有一个网格员。每个网格都有一个微信群，有任何情况都会第一时间在微信群里进行沟通。”最近，小高还开发了一个微信小程序，社区居民通过这个小程序可以查询到商业网点、家政服务等相关信息。前不久，S市遭遇了多年未有的短时强降雨，小程序的实时推送功能派上了用场。气象预警信息、道路积水信息、公交地铁延迟信息……在几十个微信群里反复刷屏，居民们一片点赞。（新一代“小巷总理”成就介绍）

一些传统意义上的“老大难”问题通过微信群也沟通得很顺利。小高的社区里曾经有一些违章建筑，拆除阻力大。“为拆掉一个违章小卖部，我们就建了一个 30 多人的群。”这个群里有违建小卖部的老板，有城建部门的负责人，有律师，有街坊邻居，还有媒体记者……群主就是“小巷总理”小高。群里所有人一起做这个小卖部老板的工作，政策讲清楚，问题能回复。没用两个月的时间，违建小卖部就被拆掉了。小卖部的老板非但没有为难小高，还跟小高和群里的几个网友唠成了朋友。

在今天的社区里，已看不见黄大妈敲脸盆张罗开会的场景，但是社区工作人员和居民的双向互动每时每刻都在进行。网络催生了全新的工作方式，也拉近了人和人之间的距离。70 年过去，一代又一代的“小巷总理”见证了国家的发展与社会的进步，来自基层一线的鲜活经验成为国家治理能力现代化进程中的有力助推器。

2019 年 10 月，新中国成立 70 周年之际，S 市相关部门举办了“基层社会治理英模表彰会”，黄大妈和小高都受到了表彰，新老英模欢聚一堂，大家共同的感悟是：街头巷尾天地广阔，“小巷总理”大有可为。

◎问题

近期，S 市计划举办一个“基层社会治理成就展”，“‘小巷总理’在基层”是其中的一个板块，请根据“给定材料 7”，拟订该板块的展览内容提纲。

要求：内容全面，关键点突出；条理清楚，有逻辑性；篇幅 350 字左右。

◎答题思路

1. 标题：街头巷尾天地广阔，“小巷总理”大有可为。

2. 导语：总体介绍“小巷总理”的内涵。

3. 主体：基层治理成就。

4. 结束语：进行总结、展望。

◎答题范例

一、标题：街头巷尾天地广阔，“小巷总理”大有可为。

二、导语：“小巷总理”是许多人对居民委员会主任的尊称，代表了一种制度、一种基层治理模式，被赋予了“人民当家做主”的基因，在法律的保障下，体现“从人民中来，为人民服务”的理念。“小巷总理”经验做法值得借鉴与推广。

三、主体：基层治理成就。

1. 老一代“小巷总理”：通过走家串户、集思广益研究出“土办法”为群众办实事，解决下岗职工再就业问题，获得当年朱总理称赞。如老英模黄大妈等。

2. 新一代“小巷总理”：创新工作方法，为社区居民办实事。①设立网上“民生议事厅”，定期召开会议，让居民一起研究讨论社区建设、社区事务和社区服务问题。②创设“一网一格多功能”工作模式，每个网格设有微信群，便于沟通交流情况，解决“老大难”问题；开发微信小程序，推送相关信息。如新英模小高等。

四、总结展望：“小巷总理”促进社区工作人员和居民的双向互动，拉近了人和人之间的距离，助推国家治理能力现代化进程。下一步，“小巷总理”们将继续立足街头巷尾事务，借助网络新技术，创新工作方式，让全过程人民民主在基层得到进一步彰显，让“小巷总理”成为基层治理的一个生动实践。

第二节　工作建议

材料 1：2022 年国家公务员考试申论试题（行政执法卷）

“没想到现在只要在网上提交资料，就可以现场领票。”近日，市民小祝顺利拿到 J 市房屋不动产交易登记集成办理平台开出的首张购房发票。

自党史学习教育开展以来，J 市税务局将党史学习教育与税务工作相结合，优化服务办实事，（1. 进一步增强服务意识）将与群众接触频次高、办理复杂的业务列为办实事的重点项目，打通多部门之间业务壁垒，实行多部门联办，（2. 进一步加强部门联动）不断推进“以数治税”，构建集成服务应用平台，数据跑路代替了群众跑路，办税缴费服务向智能化、数字化、场景化转变。（3. 进一步加快数字办公）

“明天就是征期了，网上申报一直不成功，这可怎么办呢？”税务局工作人员小赵接到一个求助电话，新气象包装有限公司法人代表巩先生在网上报税时遇到了难题。了解到巩先生在外地且对网络操作不太熟悉后，小赵通过屏幕共享功能，“手把手”协助他在云端办税。“税务人员可以直接看到我的操作界面，这比自己看操作图解和视频要高效得多。”在小赵的同步指导下，巩先生顺利完成了申报。今年，J 市税务局结合“服务怎样我体验，发现问题我整改”专项活动，推出“线上 + 线下”陪办服务新模式。线上，“云税官”通过云端实时辅导纳税人网上办税；线下，根据纳税人需求和实际状况，对“特殊业务、特殊人群、特殊事件”帮助协调各类涉税事项，让纳税人享受便利。巩先生希望这一服务模式可以长期延续下去。

前不久，J 市税务局“春雨润苗”党员服务队走进该市特色小微企业示范园工业区，为园区内新入驻的 42 家小微企业开展政策辅导。此外，J 市税务局还设立了“春雨润苗”便民办税服务热线，抽调党员业务骨干专门负责接听答复，确保纳税人、缴费人涉税电话咨询“打得通”“答得清”“办得好”。

“简明易懂的‘办税指南针’特别实用。”小锦鲤海鲜烧烤大排档的蔡老板分享了他近日的办税体验，“税务部门服务越来越贴心了。很多像我们店一样的个体工商户，规模小，没有条件聘请专业的财务人员。随着‘办税指南针’等有针对性服务举措的推出，（5. 进一步加大宣传力度）我们这些非专业人员办起税来也比较高效。不过我听别人说，有些地方的税务局在大厅中引入了第三方机构，可以专门为小规模纳税人提供‘一对一’辅导，我觉得本地税务局也可以借鉴。”（4. 进一步完善服务模式）

◎问题

J 市税务局积极优化税收服务，为群众办实事，采取了多项举措，效果良好。请根据“给定材料 1”，就 J 市税务局如何进一步强化举措、巩固成果，形成长效机制，撰写一份工作建议。

要求：紧扣材料，内容全面；建议具有针对性、可行性；准确简明，条理清晰；不超过 500 字。

◎答题思路

1. 概括已采取举措与取得成效。

2. 列举进一步采取举措的内容。

注：首先，建议是指由特定主体向他人提出的解决问题的办法或建设性意见；其次，建议不是建议书，必须明确区分开来，不能写成公文的形式；最后，要对“进一步”进行分析，“进一步”就是材料中的现有措施一个都不能用，要结合问题对强化举措、巩固成果并形成长效机制提出保障措施。

◎答题范例

优化服务无止境，改进服务无终点。J 市税务局以“时时放心不下”的责任感，积极优化税务服务，采取了多项重要举措，切实为群众办实事，社会效果良好。在此基础上，仍需要进一步优化举措、巩固成果，形成长效机制。现提出以下工作建议。

1. 进一步增强服务意识。以深入开展党史学习教育为契机，将党史学习教育与税务工作相结合，优化服务办实事，进一步增强为民服务意识。

2. 进一步加强部门联动。在打通多部门之间业务壁垒的基础上，继续强化多部门间沟通协调，实行多部门联办。

3. 进一步加快数字办公。深入完善集成服务应用平台，优化操作规程，完善操作步骤，提高办事效率，进一步实现服务智能化、数字化、场景化。

4. 进一步完善服务模式。①完善“线上 + 线下”陪办服务新模式，优化“云税官”服务。②引入第三方机构，提供优质服务。③派人定期实地指导，提供“一对一”辅导。

5. 进一步加大宣传力度。①建立“春雨润苗”党员服务队，对小微企业开展税务政策专业辅导，设立便民办税服务热线，安排业务骨干专门负责接听。②依托“互联网 + 政务服务”资源，对二维码以及“办税指南针”进行更大范围宣传复制推广。

第三节　主持词

材料 1：2020 年天津公务员考试申论试题（市级卷）

2019 年 9 月 29 日，中共中央总书记、国家主席、中央军委主席习近平在国家勋章和国家荣誉称号颁授仪式上强调，英雄模范们用行动再次证明，伟大出自平凡，平凡造就伟大。只要有坚定的理想信念、不懈的奋斗精神，脚踏实地把每件平凡的事做好，一切平凡的人都可以获得不平凡的人生，一切平凡的工作都可以创造不平凡的成就。

在湖北恩施，有一位深藏功名 65 年的“战斗英雄”张富清，他的事迹直到 2018 年底才被人知晓。

95 岁的老党员张富清是原西北野战军 359 旅 718 团 2 营 6 连战士。1948 年 3 月，张富清光荣入伍，加入王震所领导的英雄部队。6 月，壶梯山战役，张富清担任突击组长，第一次被授予“战斗英雄”称号，并记师一等功。8 月，张富清如愿入党。9 月，临皋战役，张富清担任班长。11 月，永丰战役打响，张富清担任突击连连长，战斗胜利结束后张富清荣立全军一等功，并再次获得“战斗英雄”称号，王震亲自为他佩戴勋章。永丰战役后，西北野战军进入战略反攻阶段。1949 年底到 1951 年两年间，张富清随所在的部队，一路从陕北挺进新疆，最后将红旗插到帕米尔高原。张富清先后荣获西北野战军军一等功一次，师一等功、二等功各一次，团一等功一次，两次荣获“战斗英雄”称号，被西北野战军记“特等功”。

1955 年，张富清转业，他原本可以选择去大城市，或回到老家陕西汉中，但他却选择去往湖北恩施，来到湖北省最偏远的来凤县工作，为贫困山区人民奉献了一生。“他总是一个月在农村 20 多天，我们根本见不上他的面。”提及童年时期对父亲的印象，张富清的小儿子张建全这样说，“像别人都有的趴在爸爸背上的记忆，我们都几乎没有。”但在当地山区年长的村民的印象里，正是这个小个子党员干部，带领组织大家建电站、修公路，一步步让村民的日子好了起来。直至 20 世纪 80 年代初，张富清才调回县里的建设银行支行担任副行长直至离休。

60 多年来，张富清坚持为党为公，严格要求自己，严格要求家人。“人要自立，不能给组织添麻烦”，这几乎是张富清随时挂在嘴边的话。张富清刻意尘封功绩，连儿女也不知情。2018 年底，在退役军人信息采集中，张富清的事迹被发现，这段英雄往事重现在人们面前。“父亲从来不让我们碰他的皮箱，更没跟我们讲过这些事情。”张建全说，“直到这次信息采集，我们让他配合组织工作，他才拿出了这些。”

◎问题

某局机关党委拟举办张富清同志先进事迹报告会，假如你是主持人，请根据“给定材料 1”，拟写一篇报告会开始时的主持词。

要求：（1）紧扣材料，内容具体；（2）条理清晰，语言流畅；（3）不超过 300 字。

◎答题思路

1. 标题：“关于 + 主题 + 文种”，例如，关于张富清同志先进事迹报告会的主持词。

2. 称呼：讲话类文种一般都有称呼，根据场合、身份，这里可以写“尊敬的各位领导、同志们”，顶格写，加冒号。

3. 正文：结合材料所给内容，围绕先进事迹体现和凸显人物品质进行整合。尽量做到：一要分条书写；二要重点突出；三要使用排比句式。

4. 结尾：介绍报告团成员，引出报告团发言人发言。

◎答题范例

关于张富清同志先进事迹报告会的主持词

尊敬的各位领导、同志们：

大家好！“时代楷模”张富清同志先进事迹报告会现在开始。

有这样一位优秀的共产党员，60 多年来，他始终坚持立党为公，深藏功名，用自己的朴实纯粹、淡泊名利书写了精彩人生，直到 2018 年底退役军人信息采集时，他的事迹才被人知晓。他就是“时代楷模”张富清同志。

在部队，他保家卫国，出生入死，参加多次战役，荣获各类功勋；到地方，他为民造福，奉献一生，放弃转业大好机会，在偏远的来凤县带领村民谋发展。张富清用行动一次次证明：伟大出自平凡，平凡造就伟大。这就是老英雄张富清一生不变的精神境界，更是一名老共产党员坚持了一辈子的初心。

现在，我向大家介绍报告团成员，他们分别是……下面，有请 ×× 同志作报告，大家欢迎！

第四节 短评

材料 1：2021 年国家公务员考试申论试题（副省级）

《江城日报》将刊发一篇报道：在江城博物院，有一个专门为视障人士等特殊群体设计的博爱馆。（快速点题）原材料同比例复制的文物、可以操作体验的展品、首部用于视障和行走障碍观众的全自动导览车……（展览内容）

去年 11 月，江城市盲人学校组织师生到博物院参观。虽然时间已经过去了近一年，但高二学生孙飞还记得参观时的感觉。在孙飞的印象中，博物院的镇馆之宝之一——汉代铜牛灯，不仅摸起来造型独特，还可以拆卸、旋转，并有一根长长的管子收集点燃油脂产生的烟雾。（举例说明）触摸铜牛灯仿制品，语音播放器被触发，会播放展品的介绍。旁边还有“盲文点显器”，可以介绍文物的历史、构造、功能等信息。（凸显文化为民理念）该校尹老师说：“此前也去过其他博物馆，由于缺乏有针对性的介绍，同学们感觉索然无味。但一到博爱馆，大家就对这种可听、可摸、可操作的体

验兴趣十足。”（从侧面描写出江城博物院的与众不同之处）

江城博物院藏有60余万件文物，博爱馆展厅中展示了按照1∶1的比例、以真实材料复制的40多件展品。为何选中这40多件？博物院信息部张主任说，考虑到不同年龄层次、知识背景、兴趣爱好的观众需求，博物院从不同门类、不同材质的馆藏珍品中反复比较，经过多轮筛选和残障志愿者的测试，最终保留下让他们印象最深、最喜爱的展品，设计出一个特殊的综合展览……

◎问题

请你根据“给定材料1”，为《江城日报》即将刊发的这篇报道写一则短评。

要求：观点明确，简明深刻；紧扣材料，重点突出；有逻辑性，语言流畅；不超过500字。

◎答题思路

1. 开门见山，表明观点。

2. 针对事实，分析论证。

3. 总结概述，落实结论。

注：短评是对人和事物进行的简短评论或评价。“短”指短小精悍、言简意赅，体现在篇幅短，还体现在评析内容具体、立论角度集中、结构简约和文字精练等方面。“评”表现在立论角度新颖和观点独到，能够从新的视角观察事物，不是天马行空的评论，而是做出与众不同的分析判断，并得出具有个性的见解和结论。

◎答题范例

可观可感　生动再现

——对《江城日报》一篇报道的短评

《江城日报》即将刊发一篇介绍“江城博物院”的报道，为读者带来一场阅读盛宴。该报道无论是内容还是形式，都完全符合新闻报道“真实”“全面”“独特”的基本要求，值得每一个新闻工作者认真学习、加以借鉴。

开篇点题，深谙报道精髓。文章在开篇写道：“在江城博物院，有一个专门为视障人士等特殊群体设计的博爱馆。”可见，此篇报道主要介绍“江城博物院”的情况，符合新闻报道直接点题的特征。

独特视角，凸显真实客观。从学生角度来看，揭示“江城博物院”的独特之处，凸显其新闻报道的真实客观。文中以“高二学生孙飞还记得参观时的感觉”的内容为例，从侧面描写出江城博物院的独特之处，提供可听、可摸、可操作的体验，真正让特殊群体有尊严、自主地参观展览，凸显博物院的文化为民理念。

有机结合，符合全面要求。将对博物院文物的展示和相关工作人员的详细讲解有机结合，能够为我们呈现江城博物院与现代生活融合的深厚文化底蕴、贴心的设计理念、为不断深化服务意识所采取的暖心之举，符合新闻报道“全面”的要求。

总之，此篇报道纲举目张，内容翔实，条理清晰，具有典型性，是一篇难能可贵、不可或缺的报道范本。

第五节　推介讲话稿

材料1：2020年国家公务员考试申论试题（副省级）

2019年4月，S省省委人才发展局在外省某高校举办引进高层次人才政策宣讲会。宣讲会吸引了来自全国各地的1000多人参加。

刚从国外归来的医学博士小田就是此次参会者之一。S省优美的环境、清新的空气、便利的交通、广阔的前景都吸引着她，使她对宣讲会充满了期待。

小田在会场收到工作人员发放的一本《S省引才政策选编》。小册子的首页写着：栽下梧桐树，引得凤凰来。入座后，小田翻开小册子，仔细阅读起来：

S省坚持把人才作为第一资源，以习近平总书记关于人才工作重要论述为指导，加强全省人才工作顶层设计和制度安排。以制定实施《百万人才进S省行动计划（2018—2025年）》（以下简称《行动计划》）为主要抓手，不断创新人才引进培养机制，实行更加积极、开放、有效的人才政策，向国内外优秀人才敞开最热情的怀抱。《行动计划》明确，2018年至2025年，S省将引进各类人才100万人，并从4个方面提出30条含金量十足的政策，不断完善人才引进、管理、评价、流动、激励、保障等领域的制度体系，为广大人才来S省干事创业提供有力的制度保障。（引进人才举措）

《行动计划》出台后，S省制定出台了相关配套政策，基本形成覆盖人才落户、安居、购房、购车、子女入学、配偶就业、医疗保障、出入境、居（停）留等全方位的人才服务保障政策体系，着力解除人才来S省就业创业的后顾之忧。（引进人才举措）

以新一轮党政机构改革为契机，S省成立省委人才工作委员会，加强对全省人才工作的宏观指导、科学决策、统筹协调和督促落实，着力提升人才工作地位；组建省委人才发展局，并加挂省委人才工作委员会办公室牌子，进一步整合人才工作相关力量，统筹全省人才政策、项目、资金、力量等资源，建立起统一高效的党管人才领导体制，用前所未有的力度推进招才引智工作。（引进人才举措）

在会场，小田看到展板上列出了S省针对高层次人才制定的重点项目——大师级人才、杰出人才引进计划。该计划聚焦航天、教育、医疗、科技、文化等重点领域，积极推动高校、医院、科研院所、企业等用人单位引进大师级人才、杰出人才。对于大师级人才、杰出人才领衔的团队式引进，S省将集中政策和财力给予重点支持。（引进高层次人才）

紧接着，S省省委人才发展局有关负责人发表了热情洋溢的推介讲话，向广大人才发出诚挚邀请。

◎问题

假设你是S省省委人才发展局的工作人员，请根据“给定材料1”，以“海纳百川　聚四方之才”为题，为S省省委人才发展局有关负责人撰写宣讲会上的推介讲话稿。

要求：角色定位准确；内容切合主题；语言流畅，有感染力；800—1000字。

◎答题思路

讲话稿标题体现讲话主题及讲话内容。称谓是讲话的特定对象。讲话稿正文内容包括开篇、主体、结尾三个部分。

1. 开篇开门见山，写明讲话的缘由、背景等。

2. 主体可以包含成绩、问题、原因、影响、对策等各种要素，书写这些要素时，要依据材料内容，有什么写什么，并且要按照题目要求对个别要素进行重点书写。

3. 结尾可以提出要求、号召呼吁、提出未来展望等。

◎答题范例

海纳百川　聚四方之才

尊敬的各位领导、嘉宾，来自国内外的英才们：

大家好！欢迎各位英才在百忙之中抽出宝贵时间参加S省引进高层次人才政策宣讲会，我是S省省委人才发展局负责人××，很荣幸在这里代表S省省委人才发展局向大家介绍S省引进高层次人才的相关政策。（导语）

“千秋基业，人才为本。”自古以来，人才的得失都决定着国势盛衰、天下兴亡。人才的最可贵之处在于其通过自身的知识与能量创造社会价值，推动时代发展。习近平总书记强调：“要把我们的事业发展好，就要聚天下英才而用之。”习近平总书记也多次强调：“人才是第一资源，创新是第一动力。”当前我国改革已进入攻坚期和深水区，我省重任在肩，为实现高质量发展，我们求贤若渴，希望广纳四方英才，推动我省发展大业。（人才的重要性与必要性）

我省坚持将人才强省作为第一发展战略，更有充分的理由让人才愿意来、留得住、用得好。我省坚持把人才作为第一资源，以习近平总书记关于人才工作重要论述为指导，加强全省人才工作顶层设计和制度安排。以制定实施《百万人才进S省行动计划（2018—2025年）》为主要抓手，不断完善人才引进、管理、评价、流动、激励、保障等领域的制度体系，为广大人才来我省干事创业提供制度保障。我省还制定出台了全方位的人才服务保障政策体系，让人才来到我省创业就业不再有后顾之忧。同时，我省以新一轮党政机构改革为契机，建立起统一高效的党管人才领导体制，

用力度创高度，用诚心换热心，吸引人才来我省一展才能。（引进人才举措）

我省人才工作着力人才项目，聚焦重点领域，加大高层次人才引进力度。为此精心设计了引进高层次人才重点项目——大师级人才、杰出人才引进计划。从航天工程到科技文化，从医疗教育到生物工程，聚焦重点领域，用更高的待遇、更好的生活条件、更优的工作环境，团队式引进大师级人才、杰出人才。（引进高层次人才）

栽下梧桐树，引得凤凰来。每一个梦想都需要生长的土壤，每一种奋斗都需要翱翔的天空。展望未来，我们将以优美的环境、清新的空气、便利的交通、广阔的发展前景、强大的制度保障诚邀八方来客、四海英才，让你们在这里可安心、能放心、有信心。在此，我代表S省向你们发出诚挚的邀请：这里有改革的动力、创新的活力、生长的土壤、翱翔的天空，这里有你们的舞台和未来！（未来期许与展望）

谢谢大家!

第六节　发言稿

材料1：2019年江苏公务员考试申论试题（C类）

2018年，习近平总书记在北京大学师生座谈会上的讲话中对青年一代发出号召：“广大青年既是追梦者，也是圆梦人。追梦需要激情和理想，圆梦需要奋斗和奉献。广大青年应该在奋斗中释放青春激情、追逐青春理想，以青春之我、奋斗之我，为民族复兴铺路架桥，为祖国建设添砖加瓦。”

近期，一档大型人物纪录片《不负青春不负村》在全国热播。该片讲述了6位毕业于顶尖学府的高才生毅然放弃高薪工作，投身新农村建设的事迹，以生动平实的镜头语言真实呈现了他们的工作常态，从不同的侧面展现出当下基层青年干部的精神面貌。一股股涌动在中国乡村的青春新势力跃然荧屏，一个个怀抱梦想的年轻观众深受鼓舞，“看哭了，真的是不负青春，我也想尽快找到自己的方向和梦想”“我也要像他们一样，从象牙塔到田间地头，用双脚丈量基层的每一寸土地，放下架子，俯下身子，跋山涉水，走村串户，坐百家板凳，解千家难题，实现自己的青春梦想”。

◎问题

近日，某镇政府准备举办一期初任公务员能力素质培训班（背景），假如你是学员代表（身份），请结合“给定材料 1”（作答范围），以“让理想之花在乡村绽放”为主题（主题），拟写一份发言稿（文种），在开班动员会上发言（目的）。

要求：自选角度，自拟标题；参考给定材料，不拘于给定材料；观点明确，内容充实，结构完整；篇幅 1000 字左右。

◎答题思路

由题干可以得出如下信息要素：

1. 文种：发言稿；

2. 背景：某镇政府准备举办一期初任公务员能力素质培训班，开班讲话；

3. 目的：动员全体学员扎根乡村，绽放理想之花；

4. 身份：学员代表 = 新入职公务员；

5. 主题：让理想之花在乡村绽放；

6. 作答范围：“给定材料 1”。

总体框架：

1. 标题。

2. 事由（背景：某镇政府准备举办一期初任公务员能力素质培训班，

开班讲话。目的：动员全体学员扎根乡村，绽放理想之花）。

3. 发言内容（让理想之花在乡村绽放所需素质）。

4. 结尾（呼吁号召）。

考生在平时的训练当中应注意各种文种的作答思路，以便在考场上沉着应对。

◎答题范例

扎根乡村沃土　绽放绚丽青春

各位领导、老师、同学们：

大家好！首先，感谢××镇政府组织了此次初任公务员能力素质培训班，我很荣幸能作为学员代表在开班动员会上进行发言。农村天地广阔，大有可为，是我们青年人建功立业的大舞台。随着乡村振兴战略的大力实施，我们青年人应学在乡村，在“立志读尽人间书”中增长才干；干在乡村，在“一枝一叶总关情”中挺膺担当；悟在乡村，在“饮水思源不忘根”中探寻新路。在此历史机遇下，我们青年一代应坚定理想信念，响应习近平总书记号召，深入一线，扎根基层，做到“以青春之我、奋斗之我，为民族复兴铺路架桥，为祖国建设添砖加瓦”。

让理想之花在乡村绽放，需筑牢信仰之基。理想是实干的风向标，是奋斗的动力源。习近平总书记说：“广大青年既是追梦者，也是圆梦人。追梦需要激情和理想，圆梦需要奋斗和奉献。”作为基层工作人员，我们要用习近平新时代中国特色社会主义思想武装自己，立足岗位，以人民为中心，树立正确的人生观、价值观，用坚定的理想指引人生方向，用执着的信念成就乡村事业的发展。

让理想之花在乡村绽放，需坚持真抓实干。道虽迩，不行不至；事虽小，不为不成。从群众实际情况出发，真抓实干，做好农村工作。我们要向廖俊波学习“不是在基层，就是在去基层的路上”的走功；向秦玥飞学习多次放弃提拔机会，泡在基层的泡功；向李保国学习求真务实，健康奋斗的做功。因此，我们要因地制宜，挖掘当地现有资源优势，打造产业特色。转变工作作风，多去田间地头、多去百姓家中、多进百姓心里，找准目标、精准施策、真抓实干。

让理想之花在乡村绽放，需坚持群众路线。近期，大型人物纪录片《不负青春不负村》在全国热播。该片讲述了6位毕业于顶尖学府的高才生走出高校、投入新农村建设的事迹，可圈可点，值得我们青年人学习。我们要将工作台放在农民的田垄上，坚持和群众干在一起、走在一起，关注群众在生产、生活、就医、就学等方面存在的民生问题。作为基层公务员，我们要用双脚丈量基层的每一寸土地，放下架子，俯下身子，跋山涉水，走村串户，坐百家板凳，解千家难题，实现自己的青春梦想。秦玥飞等人已经用实际行动书写了自己的无悔青春。

青年人扎根基层，应不坠青云之志，才能在这片充满希望的田野上绽放最美青春。乡村振兴的壮美画卷正在徐徐铺开，我们要以此次培训班学习活动为契机，掌握知识，增长才干，让青春在祖国基层最需要的地方绽放绚丽之花；在中国式现代化道路上，为强国建设、民族复兴贡献青年人应有的不竭力量。

谢谢大家！

第七节 讲解稿

材料1：2018年国家公务员考试申论试题（地市级）

走进独墅湖月亮湾商务区，你会发现，这里的道路格外平整，找不到一条“马路拉链”，天际线由棱角分明的建筑物和绿树组成，空中也看不到一张“蜘蛛网”。这是因为，这里的自来水管、供电电缆、通信电缆全部“住”到了地下宽敞的“集体宿舍”里。这就是S市第一条城市地下公共空间基础设施——月亮湾地下综合管廊。城市地下综合管廊作为地下空间的“生命线”，是城市公共配套建设的重要组成部分。

月亮湾地下综合管廊，自2011年11月建成投入使用，已平稳运行多年。这是一个全长920米、断面3.4米×3米的“T”形长廊。长廊的一侧是一排长长的钢铁支架，如同“超市货架”，从上到下依次放着消防与监控线路桥架、电力线路桥架、两层通信网络桥架，最下面三层空着的“货架”是为未来管线预留的空间。管廊内另一侧是上下两根直径70厘米的集中供冷管道。技术员介绍说：“附近商务区的写字楼不用中央空调，夏天由这两根管道集中供冷。”（背景介绍）

S市管线管理所负责人在向记者介绍管廊建设的前期准备情况时说，由市长担任组长的市地下综合管廊工作领导小组起到了关键作用，领导小组成员有39人之多，涵盖了辖区各板块、各相关单位主要负责人。专门机构设立，形成了多元主体的常态化沟通和快速推进机制，有效避免了推诿扯皮、难以协调等问题。在领导小组的组织下，相关部门编制完成了《S市地下空间专项规划（2008—2020）》《S市地下空间规划整合（2012—2020）》，今年6月又出台了《S市地下管线管理办法》，统筹加强对地下管廊规划、建设和安全运行的管理。（地下管廊建设工程面临管理问题及解决问题措施）

“地下综合管廊造价和维护可不是一般的昂贵，”管廊开发公司徐总经理给记者算了一笔账，“使用寿命为50年及100年的地下综合管廊，每公里建设运行成本分别为1.6亿元及2亿元。虽然S市经济实力不错，但借力社会资本也是现实的必然选择。”市政府授权S市城市建设投资发展有限公司出资组建了S市管廊开发公司，其中城建平台占股45%，水务占股20%，4家弱电单位各占股5%，为供电预留股份15%。管廊开发公司专门负责城市地下综合管廊的投资、建设、运营和管理事务，不仅解决了资金问题，也解决了建设主体的问题。（地下管廊建设工程面临资金问题及解决问题举措）

在记者参观的时候，工作人员介绍：S市地处江南水网区域，地下工程施工难度大，精度要求高。为确保工程的顺利推进和质量安全，S市在前期调研分析基础上，根据国家《城市综合管廊工程技术规范》，组织专家团队反复论证，最终为项目设计施工提供了充分依据。S市在综合管廊规划设计阶段，就确立了系统化、标准化、智慧化的目标，在铺设管线时同步建设全面的监控、感知系统，并为信息系统升级留有接入口，方便日后对大面积地下管线实施统一综合管理。建成的综合管廊囊括消防、照明、排水、通风、通信、供电、监控感知、火灾报警等系统，可以通过一个终端对所有管线进行实时监控和调度管理，并具有自动检测、定位、提醒等多种功能，真正实现了信息化、一体化、智能化管理。（S市前期调研和设计工作）

由于综合管廊建设成本高，入廊管线大多具有公益性，且这一新生事物在使用过程中权、责、利还缺乏有效制衡和匹配，社会各方的投融资积极性都不高。为此，S市借鉴国内外经验，特别规定除争取国家试点和省财政支持外，如果项目建成后特许经营期内收费不能实现预期目标，市财政将进行一定补贴，确保股东投资安全且获得基础收益。（存在资金问题）

根据工程内容、建设成本、运营周期、物价水平等多重因素，制定收费项目和收费标准，明确各单位可以以入廊或租赁的方式获得管线所有权、使用权，让管线需求者根据自身实际情况选择使用方式，调动其入廊积极性，提高管线使用效率和经济收益。（解决资金问题举措）

管廊收费之所以困难，很重要的一个原因是缺乏调动入廊单位积极性的有效方式。S市创新性地以打造利益共同体的方式，吸引电力、给排水、通信等单位成为管廊建设主体——管廊开发公司的股东，让各单位根据自身需求充分参与管廊的规划、设计和建设过程。在合理确定收费标准的基础上，为盘活资产、提高综合收益，这些单位均愿以有偿方式使用管线。（解决资金问题举措）

◎问题

S 市将举办“城市样板工程展示会”（场景限制，场景不在地下管廊现场，而是在样板工程展示会上），请你根据“给定材料 1”（答题范围），就其中地下管廊建设情况（本题的主体部分要着重写地下管廊建设情况）撰写一份讲解稿（文种）。

要求：紧扣材料，内容全面；逻辑清晰，语言准确；不超过 400 字。

◎答题思路

1. 标题：S 市地下管廊建设情况讲解稿。
2. 称呼：各位领导、嘉宾。
3. 导语：问候 + 欢迎 + 背景介绍。
4. 主体：地下管廊建设情况和经验举措介绍。
5. 结束语：致谢。

◎答题范例

S 市地下管廊建设情况讲解稿

尊敬的各位领导、嘉宾：

大家好！欢迎来到 S 市城市样板工程展示会现场。地下综合管廊是城市公共配套建设的重要组成部分。将自来水管、供电电缆、通信电缆等管线整体迁入地下的城市公共配套设施，能够改善城市环境与形象。它是城市地下空间的“生命线”，自 2011 年 11 月建成投入使用，已平稳运行多年。

在推进S市地下管廊建设施工过程中，S市创新工作方法，精准施策，采取了一系列有力措施：

1. 成立领导小组，形成联动机制。编制规划，出台管理办法，统筹加强对地下管廊规划、建设和安全运行的管理。

2. 科学设计施工，实现高效运行。在前期调研分析基础上，组织专家团队反复论证，同步建设全面的监控、感知系统，并为信息系统升级留有接入口，实现信息化、一体化、智能化管理。

3. 采取有力举措，解决资金问题。制定收费标准，打造利益共同体，让股东有偿使用管线，明确各单位根据自身实际需求选择使用方式，调动其入廊积极性。

路虽远，行则将至；事虽难，做则必成。我相信，S市城市公共配套设施建设工作一定会科学、高效、安全、平稳运行。

各位领导、嘉宾，我市地下管廊建设的基本情况已介绍完毕。谢谢大家！

第八节　推荐材料

材料1：2020年国家公务员考试申论试题（地市级）

莱康村所在的M市位于沿海地区的S省，各项改革都走在前面。“伴随着率先发展，新问题和新矛盾更加突出、更加集中。如果老是跟在后面，像消防队一样到处救火，难免疲于应付、效果不佳。”M市委孙书记说，“面对这些难题，亟须探索既能解决短期现实问题，又能兼顾长效公平的乡村治理新模式。要想建设更加富有活力的乡村，就得聚焦如何减少矛盾、化解矛盾，乡村治理也不能再‘单兵作战’，而应‘联合出击’，从以行政管理为主要手段向行政、法律、道德等手段的综合运用转变。”

走进莱康村，绿树成荫，鸟语花香，街道平坦干净，草地绿林中矗立着一幢幢红瓦白墙的乡间别墅，到处呈现出一派欣欣向荣的景象。（莱康村的现状）“要知道，莱康村过去可是个有名的问题村，基层组织软弱涣散，人心不齐，打架斗殴事件特别多。特别是早些年，由于征地补偿问题，小吵小闹天天有，大吵大闹三六九，几乎每天都有村民挤在村委会里争吵。村里吵不出结果，不少村民还去省里讨说法。”（莱康村以前的情况）村党支部陈书记感叹，“更让我记忆犹新的是，7 年前我刚当书记时，由于以前村集体资产严重流失，村里的账上只有 2.4 元。”

给钱给物，不如建个好支部。在镇里的支持下，莱康村狠抓村党支部班子自身建设和党员队伍建设，配备了一批有能力、有威望的村民担任村“两委”委员。新班子把中心工作放在村民最关注的问题上，重新核查低保、危房改造、临时救助等惠民项目，全力解决影响团结和谐的问题；积极争取补助资金，整治村容村貌，完善水、电、路等基础设施；开展绿化亮化、“厕所革命”、清理违章建筑等项目。这一系列举措，使莱康村逐步树立起崭新的形象。（完善基层组织）

“我们通过各种办法努力做到让村民满意，让组织放心。”陈书记说，“但要建设美丽乡村，光靠我们干不行。村里的事还是得村民说了算。”在村党支部的引导下，莱康村成立了村民理事会，让村民主动参与到村庄事务的管理与决策中。今年初，为落实村企攻坚项目的规划建设，村民理事会一直积极跟进，到每家每户积极宣传农村集体产权制度改革政策，就如何成立合作社、如何分红、土地流转定价等细节广泛征求意见，得到了全体村民的支持。

如今，村民理事会又充实了部分企业代表、下乡市民代表到理事会中来，共同参与、协调村级事务，重大事项均通过村民理事会与村民广泛沟

通，取得良好效果。（村民自治）

莱康村今年还从村组干部、老党员、致富能手、退伍军人、法律工作者、法律志愿者中选取一批政治素质好、宣讲水平高的村民，进行重点培训，引导他们主动担任“法律明白人”的带头人，充分发挥他们在宣传政策法规、化解矛盾纠纷中的示范引领作用，推动莱康村形成了遇到问题找法、解决问题用法、化解矛盾靠法的良好氛围。（村民法治）

由村里老党员、老干部和村民小组长等组成的文明评判团，深入发掘“老莱康风骨”的村民道德规范，通过修订村规民约，规范村民行事规则。文明评判团挖掘祠堂、故居、牌坊、族谱中的家风家训资源，收集整理了全村 20 多个姓氏的家规家训，并把这些做成门牌，用以打造“家风家训示范街”。用陈书记的话说，“在村里，随便走走都能受到熏陶”。在文明评判团的主持下，莱康村年年评选“最美家庭”“孝德人家”，为模范树榜，助家风传扬。村里还陆续组建了篮球队、腰鼓队，每年举办农民文化体育节。通过这些活动，村民的生活充实了、心拉近了，很多积怨矛盾在无形中得到了化解。（村民德治）

这些年，在村“两委”的带动下，莱康村盘活土地资源，引进优势企业，成立养殖合作社、种植合作社、林业合作社等，逐步滚动壮大村集体经济的“雪球”。2018 年，莱康村集体经济收入达到 1000 多万元。收入多了，村民的生活过得越来越好。“经过大家这么多年的努力，我们有信心奔向更加美好的生活。”陈书记对莱康村的未来充满自信。

从曾经的问题村，到如今的和谐村，莱康村这些年的发展实践，为新时代的新农村建设写下了生动注脚。

◎问题

近期，S 省开展乡村治理先进典型评选工作。M 市打算推荐莱康村参加评选，如果你是该市有关部门的工作人员，请根据“给定材料 1”写一份莱康村参评的推荐材料。

要求：紧扣资料，内容全面；逻辑清晰，语言准确；800—1000字。

◎答题思路

1. 背景提出，体现前后发生变化情况。

2. 推荐理由，经验做法。

3. 总结，展望。

注：推荐材料格式为标题、导语、主体内容、结语、推荐单位名称（公章）、落款日期。

◎答题范例

关于莱康村参评乡村治理先进典型的推荐材料

位于沿海地区的S省M市的莱康村，过去是出了名的“问题村”：基层组织软弱涣散，人心不齐，打架吵闹屡见不鲜。为此，村“两委”转变思路，探索出一套乡村治理新模式，由软弱涣散的“问题村”建设成为富有活力的“和谐村”。莱康村的经验做法是基层乡村治理的先进典型，现予以推荐，理由如下：

1. 强班子、攻难关。莱康村狠抓党支部班子自身建设和党员队伍建设，配备村民担任村委员，发挥班子凝聚力、战斗力和提升班子人员素质；把工作重心放在村民关心的民生工程上，树立莱康村良好崭新形象。

2. 重民主、抓自治。莱康村成立了村民理事会，让村民参与村庄事务的管理与决策，吸纳有关人士壮大村民理事会队伍。重大事项均通过村民理事会与村民沟通，取得良好效果。

3. 强能力、善用法。莱康村培训政治素质好、宣讲水平高的村民担任“法律明白人”的带头人，发挥其在宣传政策法规、化解矛盾纠纷中的示范引领作用，推动莱康村形成了遇到问题找法、解决问题用法、化解矛盾靠法的良好氛围。

4. 传家风、树文明。莱康村组建文明评判团，发掘村民道德规范，修订村规民约，规范村民行事规则。收集整理家规家训并做成门牌，打造“家风家训示范街”。

5. 办活动、拢民心。每年评选“最美家庭”“孝德人家”，为模范树榜，助家风传扬。组建篮球队、腰鼓队，每年举办农民文化体育节，村民的生活充实了、心拉近了，很多积怨矛盾得到了有效化解。

6. 抓经济、增效益。在村“两委”的带动下，莱康村盘活土地资源，引进优势企业，成立合作社等，逐步滚动壮大村集体经济的“雪球”。莱康村集体经济收入多了，村民的生活过得越来越好。

莱康村采取乡村治理新模式，实现了自治、法治、德治的“三治融合”，村风民风向上向善，民主法治浸润人心，治理效果持续向好，乡村治理体系和治理能力现代化深入推进。莱康村的发展实践，为新时代的新农村建设写下了生动的注脚。

推荐单位（加盖公章）

日期：× 年 × 月 × 日

第九节　宣传稿

材料 1：2019 年湖南公务员考试申论试题（乡镇卷）

2018 年 4 月 22 日，在首届“数字中国”建设成果展览会上，青岛市民刘女士领取到了国家人社部签出的首张电子社保卡。在接下来的短短几个月里，电子社保卡迅速普及，丽水、福州、新余、九江、广州、南宁、海口等多地群众陆续申领到电子社保卡。（背景目的与成效）

成都市民王女士得知这一消息后，马上掏出手机进行申领。“把社保卡‘放进’手机，只需几十秒，简单得很！比如，从支付宝里点击‘城市服务’，选择所在城市，通过‘刷脸’认证就行了。以后办理相关社保业务，忘带社保卡，用手机扫码也能办。”据了解，为让群众“少跑腿，好办事”，电子社保卡申领渠道丰富多元，不仅包含各地人社部门官方 App、各地政务服务 App，还有社保卡发卡银行、支付宝、微信、平安一账通、云闪付等 App，持卡人可自愿选择申领渠道。（申领渠道多元）

工作人员介绍，电子社保卡有两种表现形式：一是手机端显示电子社保卡二维码，用于信息系统识别人员身份、缴费结算、办理业务；二是手机端显示的与实体卡一致的电子社保卡信息，用于人工核对并办理业务。（表现形式）

目前，全国统一的电子社保卡已经在 26 个省份、230 个城市发放。随着一个又一个城市被“点亮”，“电子社保卡地图”上星光熠熠，“一部智能机走天下”的梦想照进了更多人的日常生活。（发放成效）

“党的十八大明确提出加快建立覆盖城乡居民的社会保障体系。党的十八大以来，社会保障工作的各个方面都在加紧推进。着眼群众需求，回应社会关切，不断简化优化办事流程，提升公共服务信息化水平，是移动互联网‘助力’人社服务的缩影。”工作人员说，“我们积极拥抱移动互联网、大数据和云计算，充分满足群众诉求，建立了全国社保卡服务平台，迎来了电子社保卡，开启了‘人社移动服务’新时代。”

电子社保卡以实体社保卡为基础，与实体社保卡“一一对应”，是社保卡线上应用的有效凭证。部分先行地区通过多项民生服务精准发力，让这张“无形卡”发挥出“大能量”。

南宁市将电子社保卡融入“智慧城市”建设，持卡人仅需提供电子社保卡二维码即可出入公园、图书馆、博物馆等公共场所，实现“一码通城”。宁夏回族自治区、西宁市、潮州市等地区结合电子社保卡开展医保移动支付相关业务，持卡人在药店展示电子社保卡二维码，便可购买药品，用卡体验大幅提升。此外，还有更多城市通过电子社保卡开通了就医服务功能，就医时出示手机端电子社保卡，看病后不用排队就可直接线上缴费。电子社保卡全面推进应用的同时，各地人社部门不断加强基础支撑平台建设、“互联网 + 人社”服务矩阵建设、社保卡金融功能应用、对外协同服务平台建设等。电子社保卡应用将在实体社保卡应用基础上，进一步发挥其身份认证、缴费结算、业务办理的重要作用。

展望未来，查询社保权益记录、办理待遇资格认证、办理参保缴费等功能也会相继上线，电子社保卡还将逐步嵌入各地政务服务、智慧城市、金融服务等应用场景。（应用场景广泛）

2018 年初，福州市民曾女士因为流行性感冒来到药店，从走进药店到付款完毕，只用了不到 10 分钟。“以前忘带社保卡又急着买药就多花不少钱，现在，动动指尖，省时省心。”她告诉记者，领取电子社保卡以来，自己买药都是靠“扫码”，每次结算都很顺利，“在我的推荐下，电子社保卡已成为身边亲戚同事们的‘标配’。”（使用高效快捷）

有关工作人员表示，电子社保卡以实体社保卡安全体系为基础，结合电子认证、人工智能等互联网安全技术手段，构建了网络与持卡人之间的有效连接，从而确保“实人、实名、实卡”。用电子社保卡在手机端查询信息、办理业务时，借助在线认证、密码验证、人脸识别、风险控制等多种认证方式，能够确保“是我办事”“是我查询”，不用担心被冒用、盗刷和信息泄露。（信息安全可靠）

2018 年底，全国社保卡持卡人数超过 12 亿人，覆盖全国 88% 的人口。下一步，随着电子社保卡的推广普及，社保卡线上线下相融合的应用服务体系将全面建立，置身社保卡多元化服务生态圈中，持卡群众将获得更为广泛、细致、贴心的服务，尽享信息时代的“速度与温情”。

◎问题

假设你是某市人社部门的工作人员，需要进社区向群众推广电子社保卡。请根据“给定材料 1”，草拟一份介绍电子社保卡的宣传稿。

要求：紧扣材料，内容完整；条理清晰，语言准确；500—600 字。

◎答题思路

1. 标题：体现宣传内容。

2. 宣传对象：宣传重点人群。

3. 正文：宣传稿主体包括介绍背景和缘由，阐明好处或理由等。

4. 结尾：发出号召或提出希望与要求。

5. 发文单位落款与日期。

◎答题范例

电子社保卡　方便你我他

广大居民朋友们：

大家好！为加快建立覆盖城乡居民的社会保障体系，不断简化优化办事流程，提升公共服务信息化水平，人力资源社会保障部于 2018 年 4 月 22 日签发首张电子社保卡。目前，全国统一的电子社保卡已经在 26 个省份、230 个城市发放。

电子社保卡有两种表现形式：一是手机端显示电子社保卡二维码，用于信息系统识别人员身份、缴费结算、办理业务；二是手机端显示的与实体卡一致的电子社保卡信息，用于人工核对并办理业务。党的十八大明确提出加快建立覆盖城乡居民的社会保障体系。对此，我们开启了“一部智能机走天下”的“人社移动服务”新时代。使用电子社保卡的好处主要包括：

1. 应用场景广泛。电子社保卡已融入“智慧城市”建设，持卡人仅需提供电子社保卡二维码即可出入公园、图书馆、博物馆等公共场所，实现

“一码通城”。电子社保卡还将逐步嵌入各地政务服务、智慧城市、金融服务等应用场景。

2. 使用高效快捷。打开手机展示电子社保卡二维码或电子信息，即可扫码进行人工核对，完成买药、入园等业务办理，省时省心。

3. 信息安全可靠。电子社保卡以实体社保卡安全体系为基础，结合电子认证、人工智能等互联网安全技术手段，构建了网络与持卡人之间的有效连接，从而确保“实人、实名、实卡”。用电子社保卡在手机端查询信息、办理业务时，借助在线认证、密码验证、人脸识别、风险控制等多种认证方式，能够确保“是我办事”“是我查询”，不用担心被冒用、盗刷和信息泄露。

4. 申领渠道多元。电子社保卡申领渠道丰富多元，不仅包含各地人社部门官方 App、各地政务服务 App，还有社保卡发卡银行、支付宝、微信、平安一账通、云闪付等 App，持卡人可自愿选择申领渠道。

政策落实，服务落地。广大居民朋友，更多的信息获取和周边的店铺查询，请您扫左下方二维码；了解具体申领步骤，可扫右下方二维码。赶紧拿起手机扫一扫，开通电子社保卡，尽享人社移动服务的“速度与温情”吧！欢迎大家体验、使用电子社保卡。

××市人力资源和社会保障局

×年×月×日

第十节　通报

材料 1：2019 年青海公务员考试申论试题

3 月 19 日，春回大地，阳光明媚，Y 市草尾镇人和村 8 组村民刘和华来到村务公开栏前。“人和村2018年度享受低保待遇名单……共有13户34人”，看完后，刘和华不由得感叹道：“还是这样公开好，大家看了清清楚楚、明明白白，心里就没有疙瘩了。”

说起这个低保评定，人和村村党支部书记杨新田心里憋了一肚子话要说：“去年挨了处分后，有一阵子还真没有缓过神来，从那以后，我认识到了自己的问题，加强了学习。在以后的低保评定中严格按制度办事，一是一、二是二，村民支持度反而提高了。”

杨新田说的这个事情发生在2018年初，当时Y市成立脱贫攻坚专项督查组，开展为期43天的专项督查，督查组在草尾镇人和村进行督查时发现疑点，该村建档立卡的贫困户手册中均没有体现享受了低保政策，随即询问该村村干部。（背景提出）

“中央的政策要求低保以户为单位，应保尽保。我们村的实际情况是，一个贫困家庭大多是其中的一个人丧失劳动能力，如果让这个家庭的成员都享受低保，那么没有享受低保的贫困户就会对享受了低保的家庭中有劳动能力的人吃低保有意见。”人和村的村干部跟督查组讲起了自己的难处。

“那你们村是怎么解决这个问题的？”督查干部问道。

“为了预防这一矛盾和可能出现的争端，我们村委根据实际情况想出了贫困户每户一个代表来享受低保的方法。不过因为我们的分配程序还没有做到位，不敢让申请了低保金的贫困户们知道钱来了，也不好发放下去，所以从上面领来的低保金还一分不少地放在村委。”人和村村党支部书记杨新田讲起了自己的“土办法”。

“既然想办法评定了，怎么没有看到相关资料？”

“因为这个法子不符合上面的要求，我们也不敢写到资料里面去，而且这低保的钱也不敢发放。”杨新田对督查干部说，“实不相瞒，这笔钱一分都没有到我们自己的口袋里，我们这么做只是为了方便工作，贫困户各有各的难处，只有‘一碗水端平’，大家才不会心生意见。”督查组的同志听完眉头紧锁，杨新田的说法不仅有牵强附会之意，而且跟中央精准扶贫政策是相违背的。他们现场对杨新田等村干部进行了批评教育，迅速将问题上报，并将问题线索汇总移送 Y 市纪委。

“我向组织坦白，恳请组织宽大处理。”2018 年 1 月 24 日，杨新田在接受 Y 市纪委办案干部第一次调查谈话时，主动交代了事情的前因后果。

2017 年 7 月，草尾镇人和村严格按照相关程序，从推荐的 40 户贫困户中确定 13 户享受低保。在确定名单后，有不少组长提出“获得低保的贫困户太少，贫困只是相对贫困，还是不够公平，有些贫困户会有意见”等问题。“要不干脆每个贫困户家里都发一个人的低保，这样人人有份，自然就没有意见了。”后来，人和村又召开村委会议讨论，将申请低保的 40 户贫困户都纳入低保金发放范畴，还根据村里的情况增加了 5 户名额。村党支部书记杨新田在会上“拍板”，按照评议出的 13 户低保对象做好相关资料，提交上级部门审核；13 户低保户所领取低保金的存折放在村里，低保金由村里统一领取后，再重新分配给村委评定的 45 户低保户（含评议的 13 户）。就这样，人和村由 13 户“低保”变成了 45 户“均保”。（落实错误做法）

“在执行上级政策上当不得‘好好先生’。杨新田没有将低保金装进自己的口袋，也没有在评议过程中优亲厚友。他一方面严格按照程序评选出 13 户低保户；另一方面却在执行政策过程中走样，随意变通，以召开村委班子会议集体决策的形式研究出不符合政策的错误决定，并计划执行错误的分配方式。这是严重的违纪行为。”Y 市纪委监委办案干部说。（做出错误决定）

2018 年 2 月，Y 市纪委监委给予杨新田党内警告处分，责令 Y 市民政局会同草尾镇政府对低保户资格进行重新认定，将低保资金按政策发放到位，并向其他贫困户做好政策宣传工作。（处理结论）

◎问题

根据“给定材料 1”，请你以 Y 市脱贫攻坚专项督查组的名义拟写一篇通报。要求：文体正确，结构完整，内容全面，条理清晰；不超过 500 字。

◎答题思路

1. 标题：“关于”+事由+文种。

2. 受文单位：通常都有受文单位。

3. 正文：引言，事实，分析处理，号召或要求。

4. 发文机关落款及日期。

◎答题范例

关于脱贫攻坚专项督查情况的通报

草尾镇：

为贯彻落实中央扶贫政策，2018 年初，Y 市成立脱贫攻坚专项督查组，开展为期 43 天的专项督查，督查组在草尾镇人和村进行督查时，发现该村建档立卡的贫困户手册中均没有体现享受了低保政策，在执行政策过程中存在严重的违纪行为。现将草尾镇人和村有关情况通报如下：

2017 年 7 月，草尾镇人和村按照相关程序，从推荐的 40 户贫困户中确定 13 户享受低保。但在执行政策过程中，村支书杨新田自作主张，以召开村委班子会议集体决策的形式研究出不符合政策的错误决定：评议出的 13 户低保对象所领取低保金的存折放在村里，低保金由村里统一领取后，再重新分配给村委评定的 45 户低保户。虽然评选过程严格，但 13 户“低保”变成了 45 户“均保”，严重违背中央“低保以户为单位，应保尽保”的政策。

鉴于以上情况，Y 市纪委监委给予杨新田党内警告处分，责令 Y 市民政局会同草尾镇政府对低保户资格进行重新认定，将低保资金按政策发放到位，并向其他贫困户做好政策宣传工作。希望全市广大党员干部以此为戒，举一反三，加强学习，在以后的工作中严格按照规章制度办事，切实将中央惠民政策落实到位。

Y市脱贫攻坚专项督查组

×年×月×日

第十一节　公开信

材料1：2019年江苏公务员考试申论试题（B类）

最近让白师傅颇为“闹心”的是，为方便小区居民出行，自己用节衣缩食积攒的钱给大家修路，没想到刚动工就被城管部门“暂停”，还要求补办手续。难道做好事还有错吗？

摆了20多年修车摊的白师傅家住环城街道芳华小区，小区东门边有一条居民为出行方便沿围墙边开的便道。这条小道有100多米长，最窄处也就1米左右，通过两处较陡的台阶与主路相连。白师傅他们的街边摊就沿着这条小道一字排开。小道年久失修，铁制的栏杆锈迹斑斑，一到雨雪天，原本就坑坑洼洼的路面变得泥泞不堪，小区居民出行极为不便，街边摊的生意也根本没有保障。周边居民对小道的路况抱怨不已。白师傅看在眼里，总想着把这条小道修一修，方便大家也方便自己，无奈手头并不宽裕。（背景提出）

去年，在区城管局和社区的积极协调和努力下，“打游击”的街边摊终于有了好去处，他们都搬进了新改造的社区便捷服务综合中心。白师傅有了自己的固定摊位，租金便宜，收入稳定。慢慢地，手头有了一点积蓄，

白师傅就打算修路了。（情况改变）

白师傅先把那些废旧的铁护栏全部换成镀锌的管子，然后又刷了好几遍油漆，把护栏的水泥墩子也刷成了白色。可让白师傅怎么也没想到的是，他才干了几天，就有城管执法人员让他停工，说个人不能随便修路，要办理相关手续。即使要修，也要按照要求，把路面挖深20厘米打地基铺路，还要把护栏增高到1.2米。白师傅感到很意外："这可咋办？按照城管的要求，我的钱根本不够啊！这路都开始修了，现在又不让修了，前面费那么大劲，不都白干了吗？"小区居民也纷纷表示不理解："这条路的情况已经反映很多年了，一直没有解决。现在有热心人来修路，大家都很高兴。这是人家老白自掏腰包做好事，结果城管不让修，弄成这样，这不让人寒心吗？"不断有小区居民为此找到区城管局，想问个究竟。局里的一位科长说，按照规定，修路必须办理相关手续。"大家的心情我们都理解，但修路确实是有规定的。现在大家都觉得是城管的错，其实我们也是按规定办，我们也很委屈啊！"（办理相关手续）

◎问题

"给定材料1"中，城管部门要求白师傅暂停修路的做法，引发社区居民的质疑。请你以区城管局的名义，起草一份给居民的公开信，进行解释说明。

要求：内容完整，条理清楚；有针对性，有说服力；300字左右。

◎答题思路

1. 标题：致 ××× 的一封信。

2. 称呼。

3. 主体。

4. 呼吁号召。

◎答题范例

致居民朋友们的一封信

广大居民朋友们：

你们好！为方便小区居民出行，芳华小区沿围墙边开设了便道，但因其年久失修，严重影响居民出行和街边摊的生意。在我们和社区共同努力下，街边摊搬进了社区便捷服务综合中心。出于好意，白师傅考虑到有了固定摊位和稳定收入，他便开始修此便道。

首先，我们为白师傅无私奉献的高尚品质点赞，但考虑到道路较陡，年久失修，擅自施工易引发交通事故，须由政府统一规划与维修，居民自行开设便道不符合政府规划范围。其次，居民自行开设便道，不符合道路管理规定，影响市容市貌。再次，修路要依据国家规定，办理相关手续，打地基铺路，增高护栏。白师傅的做法不符合相关规定，所以我们暂停了白师傅的做法。最后，我们将尽快办理相关审批手续，全力维修道路，一定不辜负白师傅的辛勤付出和广大居民朋友的期待。

民生无小事，枝叶总关情。在今后的工作中，我们会积极听取群众呼声，采取柔性执法，希望得到大家的理解、支持与配合，共建和谐美丽家园！

× 城市管理综合行政执法局

× 年 × 月 × 日

第十二节 感谢信

材料 1：2018 年江苏公务员考试申论试题（A 类）

退休职工李阿姨曾是一名“干燥综合征”患者，多年来被口干眼燥、全身乏力、低热等病症困扰，痛苦不堪，家人为此担心不已，女儿小张更是揪心。幸运的是，李阿姨遇到了一位天使般的守护神——W 市第一人民医院皮肤科主任刘医生。刘主任担任她的主治医生不久就和她互加了微信，粗略估算，650 天的治疗时间里，两人有 5000 多条微信互动，有问询、有指导、有安慰。李阿姨早已把刘主任当成了朋友和家人。“这两年，要是没有刘医生，我都不知道怎么过。”她红着眼睛告诉记者。（耐心细致）

回忆起去年 2 月的那天，李阿姨至今仍心有余悸：深夜 11 点正要睡觉时，她突发胸痛，好像被点了穴一样无法动弹。“那一刻，我害怕极了。”疼痛劲一过，她立即抓起手机，给刘主任发微信：“刘医生，我刚才突然胸痛得厉害，疼痛从前胸一直游走到了后背，人像被冰冻住了一样。大概 30 秒钟的样子，现在已经缓解了。这是怎么回事？”刘主任立即回复：“我知道了，你别慌，深呼吸，吸气——呼气——吸气——慢慢让自己平静下来。”李阿姨又问：“不会是心脏病吧？”刘主任回答：“引起胸痛最常见的心绞痛或心梗，不会在短短 30 秒的时间内就缓解，疼痛时也不会出现冰冻感，更不会在全身游走，况且前不久的检查已经排除了你的心脏病史。干燥综合征影响体内激素引起过敏性反应的可能性更大。你再观察一下，如果继续出现疼痛，马上去就近的医院；如果没有，你明天来医院，我给你配点药。”刘主任的一席话就像一颗定心丸，李阿姨安心了。放下手机，时间早已过了零点。（爱岗敬业）

李阿姨告诉记者：“刘医生建立的病友微信群里有 300 多人呢，我只是其中的一个。他们和我一样，在这个微信群中得到了很多指导和帮助，感受到了刘医生的医者仁心。”李阿姨说。她总想送点礼物，向刘主任表达感激之情，但刘主任从未接受过。（医者仁心）“你们健康了，就是给我的最好的礼物。”如今，李阿姨的病已经痊愈，因为生病变得性格孤僻、见人都不愿打招呼的她恢复了原先的开朗，常跟姐妹们一起去唱歌、旅游。

◎问题

请以“给定材料 1”中李阿姨女儿的名义，给刘医生所在的 W 市第一人民医院写一封感谢信。

要求：内容完整，条理清晰；结构严谨，语言流畅；情感真挚，有感染力；篇幅 400 字左右。

◎答题思路

1. 标题：感谢信。

2. 称呼：单位或个人。

3. 主体：主要做法（感人事迹）。

4. 结束语：感谢语。

5. 落款：单位或个人，时间。

◎答题范例

感谢信

W 市第一人民医院：

今天，我怀着万分感激的心情给贵医院写这封信。

我是康复患者李阿姨的女儿，首先我代表家人向贵医院辛苦付出的医务人员，特别是主治医生刘主任表示衷心的感谢。我母亲曾是一名“干燥综合征”患者，多年被病症困扰，痛苦不堪，家人担心不已。幸运的是，我们遇到了天使般的“守护神”刘主任。

刘医生耐心细致，精益求精。650 天的治疗时间里，刘医生与我母亲有 5000 多条微信互动，有问询、有指导、有安慰。

刘医生爱岗敬业，恪尽职守。去年 2 月的一天深夜，母亲突发胸痛，给刘医生发微信，他的一席话就像定心丸，我母亲安心了。放下手机，时间已过零点。

刘医生医者仁心，大爱无疆。他建立的病友群有 300 多人，病友在群里能及时得到他的指导和帮助；刘医生坚守底线，我们想送点礼物表达感激之情，但他从未接受。

如今，我母亲病已痊愈。感谢贵医院许多像刘主任一样充满仁心仁术的医务工作者为患者带来了健康和希望。衷心祝愿贵医院医术越来越精湛，医务工作者工作顺利！

李阿姨的女儿

× 年 × 月 × 日

第十三节　编者按

材料 1：2022 年国家公务员考试申论试题（地市级）

2021 年 9 月 10 日，F 市教育局、市基础教育改革与发展研究中心召开全市“五育融合”教育教学改革实践研讨会。F 市第三中学任校长在会上做了经验分享，以下是其发言内容：

《中国教育现代化 2035》提出，要更加注重全面发展，大力发展素质教育，促进德育、智育、体育、美育和劳动教育的有机融合。“五育”分别承载着自身的育人目标和价值，在各司其职的基础上走向融合，达到彼此渗透、创新融合，共同促进学生的全面发展、整体发展、个性发展。（“五育”融合育人的背景与内容）

经过多年的教育改革和创新实践，我校确实取得了一些办学成绩，也获得较高的社会荣誉，被批准为省教育科研基地学校、全国首批普通高中课程改革基地学校、全国首批示范性高中建设学校、国家级体育传统项目学校等。在学校的发展过程中，我们始终扎根在学校原有历史传统的沃土上，进行大胆创新探索，形成了“五育”教学各美其美、相互融合的育人模式。（三中植根学校历史传统沃土，大胆创新探索，形成“五育”融合育人模式）

一直以来，我校将党建工作和德育工作有机结合，党员教师在思想和教育工作上始终发挥着模范引领作用。与此同时，我们又大力打造德育课程一体化：德育智慧课程，包括思想政治课程、家国情怀和责任培养课程，保证教学质量和育人效果的融通；德育情感课程，包括感恩教育、传统文化等方面的课程，培养学生高尚情操和文化认同，让其情动而辞发；德育意识课程，包括遵纪守法、规范养成、生命教育等类型的课程，由内而外增加德育的效果；德育行动课程，包括身心健康、艺术审美、创意社团等方面的课程，构建起浸润渗透性德育课程，形成综合育人、多元育人、特色育人的模式。（党建与德育相结合，发挥党员教师模范引领作用，打造德育课程一体化）

课程是落实教育内容、完成培养目标的重要载体。我校大力加强对课程教学模式的研究，坚持教学相长，注重启发式、互动式、探究式教学，鼓励学生多动手、多动口、多动脑，发挥学生的主观能动性，促进学生认知的发展。在我们学校，课程内的学习不仅仅是启发学生智力、增长学科知识的主要手段，学校的一切教育活动均被纳入了课程的范畴。我们将课程对标“德智体美劳”总体育人目标和各学科课程标准，构建“德智体美劳”五大类课程群，将每个教学单元打造成育人单元，将教学目标、教学内容、教学过程、教学资源以及课程评价等相关工作紧密结合，建立起以教师发展带领学生发展、学校发展的课程有机融合系统，这也让我校的“五育”融合教育改革和教学实践充满不竭动能与活力。（加强课程教学模式研究，坚持教学相长，注重多种方式教学，发挥学生主观能动性，促进学生认知发展）

自学校创办时，我校便组建了足球队，成为我国最早开展校园足球运动的学校之一。这一传统至今从未间断，足球已植根于每个三中人的心中，成为最重要、最独特的校园文化印记，形成了特色，且赢得了无数奖杯。在三中，足球的传承突破时空和年龄限制，即使是80岁的老校友也可以回校踢一脚，与年轻学子一起感受足球的魅力。在我们学校，足球教育带动了各项体育运动的蓬勃发展，虽然不是每个走上运动场的学生都能成为体育明星，但是从小接受体育精神的熏陶，积极参与体育锻炼，能使他们拥有团结勇敢、坚忍不拔的优良品质，成为身心两健的未来社会建设者。（组建足球队，开展校园足球运动；延续传统，成为校园文化印记，形成特色）

让音乐在校园中流淌，让美与人在校园里相遇、相知。我校的学生合唱团历史悠久，多次登上大赛领奖台，已成为学校的一张亮丽名片。近年来，我校合唱团多次受邀参加国家级大型活动展演，走进社区、敬老院，进行公益表演，不但传播了艺术之美，还实现了超越音乐本身的价值。我们组织了高强度的训练来培养他们，同时引导他们学习处理学业和合唱训练的双重任务和压力。大家既锻造出了刚毅坚强的品格，也培养出了同舟共济的团队精神。（建立学生合唱团，打造学校亮丽名片，传播艺术之美，实现音乐价值，锻造学生刚毅品格，培养团队精神）

劳动教育是从志愿服务开始的。志愿服务项目是我校“五育”融合育人模式的重要载体，它让德智体美劳在实践中贯通融合为一体。为此，我们建立了学生志愿服务考核机制，让“学习雷锋、奉献他人、提升自己”的志愿服务理念真正落地。全国足球赛事志愿者、洁净沙滩志愿者、春运志愿者、海岛游览区志愿者等，都是三中学生的社会角色。同时，我们将劳动教育渗透到各学科之中，从学科实践入手，劳动与技术通过专业教师的指导渗透到学科教学之中。如组织学生到博物馆提供义务讲解，既传播了优秀传统文化，也增强了学生社会责任感和实践能力；成立文化小使者服务队，制作文创产品，将美术、物理、化学、文学、历史等学科知识引入劳动之中，沉浸式培养学生的兴趣爱好、审美情趣和个性特长，使之成为具有社会使命感和专业精神的社会服务者。（开展志愿服务；建立学生志愿服务与考核机制，落地践行志愿服务理念，将劳动教育渗透到各学科中）

◎问题

F 市教育局准备根据“给定材料 1”中任校长的发言稿编制一期简报，推广第三中学“五育”融合育人的做法。请你为该简报撰写一则“编者按”。

要求：全面、准确、简明扼要。不超过 250 字。

◎答题思路

编者按是报刊编者对新闻或文章添加的提示性说明和重要批注性内容，言简意赅，起画龙点睛的作用。既可以针对文中的观点或材料表达编辑部的意见，又可以提示要点并借题发挥，是对全文核心内容的高度浓缩概括。

1. 标题：编者按。

2. 主体：围绕其目的、意义或总括性经验介绍进行分析。

3. 结语：希望或呼吁。

◎答题范例

编者按

为促进德育、智育、体育、美育和劳动教育的有机融合，F 市第三中学通过不断教育改革和创新实践，形成了“五育”教学各美其美、相互融合的育人模式。其先进经验有：1. 德育为先。坚持党建工作和德育工作有机结合，打造德育课程一体化。2. 智育为本。加强课程教学模式研究，坚持教学相长，构建“五育”课程群，建立课程有机融合系统。3. 体育为基。传承足球运动传统，带动各项体育运动发展。4. 美育为要。组建学生合唱团，传播艺术之美，磨砺学生品质。5. 劳育为荣。开展志愿服务，建立考核机制，并将劳动教育渗透于各学科中。希望本简报可以给各学校提供借鉴。

第十四节　宣传单

材料 1：2022 年江苏公务员考试申论试题（A 卷）

“瞧，这是工会给我们免费提供的围脖和手套，赶上这大冷天，真是太实用了！”这几天，W 市高新区快递小哥小田逢人就念叨加入工会的好处。小田是 11 月初加入工会组织中的。今年以来，W 市总工会针对新业态职工数量增长快、权益维护难等情况，力推新就业形态建会入会工作，为网约车司机、快递员、网约送餐员等群体成立工会组织 35 家，吸纳工会会员 2563 人。（背景介绍）

“您下载并注册‘暖心工惠 App’，就可以在线申请入会，成为工会会员后就能参加我们定期组织的各项活动。”11 月 27 日上午，在 W 市人才交流中心广场，市总工会工作人员正在进行“招新”宣传。这里是 W 市“工会进万家·新就业形态劳动者温暖行动”服务月工作推进会现场，会上发布了市总工会面向新业态从业人员开展的一系列服务活动，包含为新业态从业人员送出 8000 个体检名额、合计 200 万元的体检服务在内的线上线下两大活动和六大类二十个服务项目，重点聚焦快递员、外卖配送员、网约车司机等新就业群体，开展服务活动。活动现场，参加义诊的市人民医院医务人员正在为顺丰快递员小张测量血压，小张表示：“快递员经常早出晚归，吃饭没个准点，这次活动给我们普及健康知识，给身体提个醒，真是太重要了。”（定期举办活动）

“现在天气越来越冷，不忙的时候我们都会到就近的驿站喝喝水、歇歇脚、充充电，感觉很暖心。”最近寒潮来袭，位于W市中心的几家工会服务驿站比往常热闹了许多，送餐和送件间隙，网约送餐员和快递小哥们把这里当成了“避风港”。近年来，W市总工会整合社区党群服务中心、网格服务站、物业用房，联建共建快递小哥服务驿站55家，解决了快递末端用房紧张、快递员进小区难等问题。（建立服务驿站）针对新业态工作特点，市总工会常态化开展交通安全培训，开通线上线下24小时心理和法律咨询服务，为新就业形态群体搭建了“困难有处说，问题有人解”的关爱平台。（搭建关爱平台）

“哪里有职工，哪里就有工会组织。”W市总工会严主席说，“新职业群体以灵活就业为主，数量庞大，目前仅W市就有100多万人，其中许多人对工会的职能、意义缺乏了解，这给我们发展新会员带来挑战。”为最大限度地将灵活就业人员组织到工会中来，W市总工会在新业态职工中广泛开展政策咨询、技能培训、劳动权益维护等普惠服务，打造出线上线下有机融合、协同互动的多元服务体系，有效提升了新业态职工的归属感、幸福感。

◎问题

“给定材料1”中的W市总工会在新业态群体中发展新会员的工作正在持续推进，假如你是该市总工会一名工作人员，请你为招新工作拟订一份宣传单。

要求：符合给定材料情境，有吸引力，可操作性强，语言流畅；篇幅350字左右。

◎答题思路

1. 标题。

2. 称呼。

3. 主体。

4. 呼吁号召。

5. 落款和日期。

◎答题范例

工会纳新送温暖　幸福生活你我他

广大新业态职工们：

大家好！今年以来，针对我市新业态职工数量增长快、权益维护难等情况，我市总工会在新业态职工中广泛开展政策咨询、技能培训、劳动权益维护等普惠服务，打造出线上线下有机融合、协同互动的多元服务体系。总工会现已成立工会组织 35 家，吸纳会员 2563 人。工会的具体服务内容包括：

1. 定期举办活动。天冷时免费提供御寒劳保物资；提供免费体检服务，普及健康知识。

2. 建立服务驿站。联建共建服务驿站 55 家，让大家休息、充电，成为网约送餐员和快递小哥们的“避风港”。同时解决快递末端用房紧张、快递员进小区难等问题。

3. 构建关爱平台。开展常态化交通安全培训，开通线上线下 24 小时心理和法律咨询服务。

新职业路漫漫，总工会来相伴。现在，只需要下载“暖心工惠 App”，就可以注册并在线申请入会，成为会员。快来加入工会大家庭吧！

W 市总工会

× 年 × 月 × 日

第十五节　倡议书

材料 1：2020 年国家公务员考试申论模拟试题（乡镇卷）

8 月 18 日，山东临沂姑娘徐某收到宣称教育部门的助学金电话通知。诈骗嫌疑人以“领取助学金”为由，博取徐某的信任，并骗取其全家省吃俭用大半年节省下来的 9900 元学费。8 月 19 日晚，徐某在报案回家途中突然昏厥，虽然医院对其进行了两日的全力抢救，但仍没能挽回她 18 岁的生命。“大二男生在疑遭电信诈骗后不幸离世”“清华一教授被电信诈骗 1760 万元”等类似事件的频频曝光，使电信诈骗问题再次引发社会各界的热议。（举例说明反电诈的必要性）

据统计，2015 年，我国电信网络诈骗案件共发生 59.9 万起，造成经济损失约 200 亿元；2016 年仅上半年，电信网络诈骗发案就达 28.7 万起，造成损失 80 余亿元。对于普通大众而言，骗子们周密的、不断翻新的手段，令人身心俱疲，一不小心就陷入骗局，造成无法挽回的损失。（背景）

◎问题：

“给定材料 1”中反映电信网络诈骗案件频频发生，假如你是公安部门的一名执法工作人员，以“全民反诈，从我做起”为主题，请你拟订一份倡议书。

要求：全面，准确，简明扼要；篇幅 800 字左右。

◎答题思路

1. 标题：（关于 +）倡议内容 + 文种。

2. 称呼或发文对象：多数情况下，题干告知倡议对象。

3. 正文：开头提出倡议的目的、背景，引出主题；主体阐述倡议的具体内容与要求。

4. 结尾（呼吁号召）：表明倡议者的决心、希望、建议等。

5. 落款（倡议者单位或集体或个人）、日期（年 / 月 / 日）。

◎答题范例

防范电信网络诈骗倡议书

广大市民朋友们：

大家好！世界很大，小心有诈。当前，电信网络诈骗犯罪呈高发态势，严重危害人民群众财产安全。为有效提升群众的识骗能力和防骗意识，预防和减少电信诈骗案件发生，切实保护人民群众的财产安全，现向广大市民朋友发出如下倡议：

一、树立防诈意识，提高识骗防骗能力

提高风险防范意识和信息甄别能力，对退还费用、礼品赠送、保本高息、高价收购等“天上掉馅饼”的说辞提高警惕，避免贪图小便宜，遭受大损失。避免盲目跟风或投机心理，不轻信“小道消息”“稳赚不赔”“保本高收益”等说辞，提升识骗防骗能力。

要坚持“三不原则”：不听、不信、不转账。

二、树立诚信守法理念，远离涉诈不法活动

绝不参与电信网络诈骗等违法犯罪，绝不参与“吸粉引流”等网络黑灰产犯罪，决不买卖、出租、出借个人身份证、手机卡、银行卡、对公账户及微信、支付宝等第三方支付账号。

三、增强社会责任感，当好反诈宣传员、监督员

积极向服务对象及亲友宣传各类电信网络诈骗犯罪的危害和防范知识，提升全社会对电信网络诈骗的认识和防范能力；积极检举揭发电信网络诈

骗犯罪行为，敦促电信网络诈骗犯罪人员主动到公安机关投案自首，使电信网络诈骗犯罪无处藏身。

你我同心，反诈同行！请广大市民朋友们携起手来，齐心协力，为建设“无诈之城”努力奋斗！

××市公安局

×年×月×日

第十六节　工作简报

材料 1：2022 年甘肃公务员考试申论试题

2021 年 6 月 30 日，Q 区钟楼街道画韵坊社区邻里中心正式开业，现场犹如一场大派对，热闹非凡。“这里老少咸宜，大家都来围观。由此看来，设计很成功。”邻里中心商业负责人说。

2018 年，Q 区对这里的棚户区原住民进行了拆迁安置，结合群众服务需求，投资 2500 万元建设邻里中心，2020 年 8 月交付。Q 区委、区政府提出，要把这里建设成最美邻里中心。“中心的功能怎么定位？怎么打造才能符合百姓心中的‘最美’？我们走访居民、开座谈会、发放调查问卷，问计于民。”钟楼街道办事处胡主任说，一开始他们想打造一个高标准菜市场，但调查结果显示，八成居民认为“这不是刚需”，小区周边已有两个大菜市场。同时，居民们的一系列实际需求浮出水面：养老助餐、文娱活动、修理缝补……经过综合筛选，最终的方案是把画韵坊社区邻里中心定位为全龄共享的综合性实体。（功能定位）

钟楼街道摒弃了政府“大包大揽”的传统思路，采取 PPP 的合作模式，经过多方比较，引进了淮尚家生活商业品牌和华福养老机构。在街道主导下，各方参与议定方案。最后，呈现在居民面前的是邻里中心，总用地面积约 3000 平方米。面积不大，功能不少，一楼是社区商业中心，二楼是党群服务中心，三楼是康养服务中心。

走进一楼的商业中心，商品琳琅满目，人们络绎不绝。另一旁的“社区工坊”里，有理发、家政、维修等中老年人钟爱的便民服务，简餐、咖啡、鲜花绿植等小店则是清一色年轻人“心水”的潮牌。这里吃喝玩乐功能齐全、应有尽有。“淮小包”“就是牛”等特色餐饮丰富了“社区主食厨房”的内容，不少居民逛完菜市场，专程来这里排队尝鲜。“食愉食悦”和“wecafe”则是年轻人钟爱的甜品和咖啡。“束心”是一对“90 后”小情侣开的花店，旁边挨着的是“淮小鲜”，供应各种蔬果生鲜……“我们这个是‘小而美’‘小而精’‘小而萌’的生活服务综合体。”花店老板说。（商品琳琅满目，人们络绎不绝）

二楼的党群服务中心按照“亲民化、可进入、可参与”的理念设计。走进中心，首先映入眼帘的是大型文化背景墙，党史应知应会知识、社区党建工作动态、廉政纪律规定等一一陈列其中。星期五一大早，75 岁的刘大爷就来预约活动场地。他是社区红叶诗社社长，该诗社由社区的诗词歌赋爱好者自发组成，每周六上午会来党群服务中心组织活动。以前诗社开展活动，场所是个大问题。现在，党群服务中心满足了诗社成员最迫切的期盼。在党群服务中心的左边，是一个宽敞明亮的阅读空间。钟楼街道积极与区图书馆合作，得到区图书馆捐赠的 2000 册图书，涵盖党建、文史、艺术、少儿等方面。居民可随时到此借阅图书，阅读区专门配备了一台数字资源阅读终端，让居民能够便捷地获取丰富的数字资源。党群服务中心还邀请专业老师每月开展插花、书法、茶道等艺术课程，鼓励各职业群体、各年龄段的居民参与进来，实现社区资源共享。中心还推出“心愿驿站”服务平台，配备心愿收集箱、心愿墙，鼓励居民表达“微心愿”，让居民从“不愿说”到“掏心窝”。

“天气热的时候，转个弯，不出小区，就可以带孩子到党群服务中心看书，还经常和姐妹们跟着老师学保健操、跳舞、话家常。这是以前想都不敢想的事儿！”社区居民杨大妈说。（提供服务场所，实现资源共享）

三楼的华福养老服务中心提供助餐、助浴、日间照料和托养等服务。年过八十的张大爷夫妇，子女远在外地工作，老两口手脚不利索，买菜做饭难度很大，更为困难的是洗浴，每次都担心滑倒，邻里中心解决了他们的困难。现在，每天有四五十位老人来到三楼享受由华福养老服务中心提供的服务。“很多老人前来咨询，我们接下来将推出送餐服务。”养老中心负责人说，周边 2 个小区 1 万多名居民，其中 24% 左右是老年人，养老服务拓展的空间很大。

“我们在康养中心的设计中，努力让居民感受到社区空间的温情，从而找到一种归属感。”邻里中心商业负责人说。为此，他们还在三楼开辟出了 380 平方米的空间，摆放“曲水流觞”的长条桌椅，抬头可见现代风格的水晶吊灯。这是一个居民共享的公共空间，年轻人在这里喝着咖啡捕捉时尚新奇，老年人在这里品着茗茶找寻久远的“乡愁”。

钟楼街道办事处胡主任说：“画韵坊社区邻里中心的设计给我们一个很重要的启示，那就是必须充分尊重不同居民群体的真实偏好，通过和居民的沟通对话，了解、分析、甄别他们各个层次的需求，再根据不同的需求提供社区公共服务和产品，这样能够使不同层次的居民各美其美、美人之美、美美与共，从而形成邻里相亲、文化相融的和谐景象。”（准确定位、合作建设）

◎问题

请你根据“给定材料 1”，撰写一篇关于画韵坊社区邻里中心建设特色的工作简报。

要求：紧扣材料，内容全面；准确简明，条理清晰；不超过 600 字。

◎答题思路

1. 报头。包括:（1）标题，即工作简报或关于 ×× 的工作简报;（2）编发单位;（3）印发日期。

2. 报身。也就是正文，包括:（1）开头写背景、目的;（2）主体内容写经验做法。

3. 报尾。启示、取得成效、呼吁号召。

◎答题范例

工作简报

第 × 期

Q 区钟楼街道画韵坊社区 × 年 × 月 × 日

近日，Q 区钟楼街道画韵坊社区邻里中心正式开业，老少咸宜，设计十分成功，其经验做法值得肯定与借鉴。

一、问需于民，准确定位。通过走访居民、开座谈会、发放调查问卷，问计于民，经过综合筛选，最终的方案是把画韵坊社区邻里中心定位为全龄共享的综合性实体。

二、摒弃包揽，合作建设。摒弃政府“大包大揽”的传统思路，采取 PPP 的合作模式，经过多方比较，引进商业品牌和养老机构，各方参与议定方案，确定具体功能。

三、面积虽小，功能不少。共设三层，每层功能不一。一楼是社区商业中心，包括琳琅满目的商品、中老年人钟爱的便民服务、年轻人“心水”的潮牌。吃喝玩乐功能齐全，应有尽有。二楼是党群服务中心，设有大型文化背景墙，陈列党史知识等内容；满足诗社成员最迫切的期盼，为群众提供活动场所、阅读空间、艺术课程，实现社区资源共享；推出“心愿驿站”，鼓励居民表达心愿。三楼是康养服务中心，为老人提供助餐等服务。

打造居民共享空间，年轻人在这里喝着咖啡捕捉时尚新奇，老年人在这里品着茗茶找寻久远的“乡愁”。

画韵坊社区邻里中心的设计启示我们，必须尊重不同群体的真实偏好，了解不同层次的需求，有针对性地提供公共服务和产品，形成邻里相亲、文化相融的和谐景象。

第十七节　情况报告

材料 1：2024 年国家公务员考试申论试题

《中华人民共和国非物质文化遗产法》（以下简称非遗法）已于 2011 年颁布。为进一步了解非遗法的实施情况，近期有关部门召开了一次座谈会，参会人员发言的主要内容如下：

某扎染集团总经理：非遗法的实施给集团的发展注入了新动力，坚定了非遗产业发展的战略信心。我们汲取中国传统染、织、绣等纺织类非遗精华，将产品视觉差别化创意、面料艺术再造与时尚跨界创新成果充分应用，形成了非遗创新与基础研发、时尚设计、数码技术等融合发展的非遗传承与市场运作体系。近年来，我们和多家高校联合成立非遗研究中心，组织院校教师到企业举办“纺织非遗传承与服饰艺术设计”培训班，接待高校师生参观扎染过程、体验扎染技艺，走进中小学、社区，开展非遗体验和讲座等活动。（成效 1：社会角度——非遗保护传承工作在全社会广泛开展）

某市文化部门负责人：非遗法明确，非物质文化遗产是指各族人民世代相传并视为其文化遗产组成部分的各种传统文化表现形式，以及与传统文化表现形式相关的实物和场所。非物质文化遗产有着自身的完整性，如一套祭祀礼仪、一种特定药材炮制技艺等，文化与技艺本身就有自己的完整结构与秩序，不可随意更改与删减。同时，还需要重视非遗生存环境的整体性保护，比如庙会，除了寺庙空间外，还要维护那些分散在民间的组织，它们是庙会活动的主体，庙会管理者与各庙会组织者之间的常态互动构成了庙会的整体性。非遗不是文化遗留物，而是流动的文化，如果脱离了日常生活，非遗就会成为“静态文物”。事实上，经过 10 余年的非遗保护实践，我国创新了许多办法，也取得了显著的效果，例如，创设了具有中国特色的四级名录制度体系，制定了一系列意见和办法，设立了一批非遗保护的基地和传习所，开展了一系列提升非遗保护、传承能力的活动等。（成效 2：管理角度——建立了较为完善的非遗整体性保护传承工作体系）

某文化传媒有限公司 CEO：我们公司以提供非遗领域的文化服务为核心业务，与各地文旅系统、企业、非遗传承人合作，在非遗展览展示、产品开发、品牌打造等方面取得了较好的成绩。非遗法为我们这些从事非遗保护、传承和传播的企业指明了方向。近期，公司组织搭建“非遗传二代”平台，助力新时代下的非遗传承和创新。依托该平台，我们促进了非遗技艺与国外优秀设计师的跨界合作，为非遗技艺的传承、传播找到更多载体和路径，助力中华优秀传统文化走出去。（成效 3：传播角度——不断创新非遗文化传播方式并不断扩大其影响力）

某国家级非遗项目代表性传承人：非遗法实施后，我在开展非遗保护传承工作时得到了各级政府的关心和支持。开展工作所用的工作室由市文旅集团下属单位提供，并连续获得国家级非遗扶持资金、市政府扶持资金资助。非遗保护、传承工作复杂而又庞大，需要社会各界给予更多关注，在资金、场地上进一步提供保障，同时也要对传承人进行严格的考核，保证其带徒授艺规范有序。（成效 4：传承人角度——非遗保护传承工作受到重视，得到有效支持和保障，对传承人进行严格考核）

某市非遗保护协会负责人：非遗法要求传承人积极开展传承活动，培养后继人才。作为非遗传承人，他们的任务其实很明确：将先人的知识与技艺原汁原味地继承下来、传承下去。因此，要严把传承人“入口关”，去伪存真，宁缺毋滥。此外，随着非遗保护工作的持续深入，专业化、信息化要求越来越高，现有从事非遗保护的人才队伍还不适应。（问题 1：人才角度——对非遗人才的制度化管理不够完善）（对策 1：完善人才的制度化管理，培训和认定人才）

某艺术研究院研究员：随着非遗法的实施，人们逐步认识到一些民间文化的价值。譬如，关公庙常常会与弘扬诚信相联系，岳飞庙则会与爱国精神相联系。但在非遗法的实施过程中，有的地方混淆了非遗概念，误将刚创造出来的“现产”当成祖先留给我们的遗产，还有的地方将被改编、改造过的，甚至是糟粕的东西当成遗产。活态传承是非遗的最大特点，但活态传承的本意并不是让非遗改变，而是让非遗通过一个个泥人的制作、一首首山歌的演唱以活态的形式传承下去。礼敬传统，而不是随意改造，才能确保非遗的原真性。（问题 2：对象角度——混淆非遗概念，不能原真性传承）（对策 2：制定非遗具体认定标准）

某律师：从理论上讲，非遗是祖先留给我们的共同遗产，而不是留给某个人的私人遗产，这一点与文创产品不同。但从非遗法颁布后这些年的实践来看，关于非遗传承的知识产权认定仍然比较复杂，比如一些以家族为传承线的项目，其本身就有不外传的规定；经过再次创作的具体作品，因为作品中表现出了独特的个性，创作者应该拥有知识产权，如传承者翻唱的非遗民歌具有鲜明的、可辨识的个人声音。（问题 3：法律角度——缺乏非遗知识产权保护）（对策 3：健全完善非遗知识产权保护立法）

某大学教授：非遗是形成于历史、传承于当下的，我们不可固化它，不能以“原真性”去限制它的发展与变化。在利用与活化非遗的过程中，我们应当进行符合文化演化规律的延展，在对非遗本身进行细致深入了解之后，选择更有利的保护、传承和活化方式。同时，非遗保护理念虽然已成为全社会的共识，但因为各种原因或条件限制，一些地方对非遗法的落实并没有完全到位。有的不履行非遗保护、传承义务，有的以活化名义进行过度开发。因此，对于各地如何更好地贯彻落实非遗法，主管部门还需要进一步研究。（问题4：传承角度——非遗传承发展缺乏可操作性指导）（对策4：制定非遗活化传承具体指导细则）

◎问题

如果你是“给定材料1”中有关部门的工作人员，请根据座谈会参会人员的发言内容，围绕非遗法实施的成效、不足和改进建议，写一份情况报告。

要求：

（1）紧扣材料，内容全面；

（2）要点突出，条理清晰，语言准确；

（3）不超过400字。

◎答题思路

需要注意的是，题干要求根据发言内容写一份“情况报告”，而不是写“建议书”，换言之，就是要求原原本本对座谈会中的发言内容进行总结呈报即可。对于材料中的存在问题，我们无须自己补充对策，只需要把材料中发言者提出的一些改进建议概括出来即可。

1. 标题：发文单位（可省略）+ 事项 + 文种。

2. 开头：发文目的、背景与依据。

3. 正文：取得成效，存在不足，改进建议。

◎答题范例

非遗法实施情况报告

非遗法已于2011年颁布。为进一步了解非遗法的实施情况，近期我部门召开了一次座谈会，具体相关情况报告如下。

一、取得成效

1. 非遗保护传承工作在全社会广泛开展；

2. 建立了较为完善的非遗整体性保护传承工作体系；

3. 不断创新非遗文化传播方式并不断扩大其影响力；

4. 非遗保护传承工作受到重视，得到有效支持和保障，对传承人进行严格考核。

二、存在不足

1. 对非遗人才的制度化管理不够完善；

2. 混淆非遗概念，不能原真性传承；

3. 缺乏非遗知识产权保护；

4. 非遗传承发展缺乏可操作性指导。

三、改进建议

1. 加强非遗人才制度化管理。完善非遗传承人评定机制，严把入口关；建立非遗人才培训机制，提高专业化信息化水平。

2. 制定非遗具体认定标准。对各类非遗作出准确具体的界定。

3. 健全完善非遗知识产权保护立法。对不同类型的非遗落实知识产权保护的具体规定。

4. 制定非遗活化传承具体指导细则。制定具体有可操作性的措施办法，以指导各地切实贯彻落实非遗法。

第十八节　工作方案

材料 1：2018 年安徽公务员考试申论试题（B 卷）

在 Z 市农村，一般管厕所叫“栏”或“圈”，数尺见方，放块木板或者水泥板就成了方便之处。农民家里养猪，厕所还与猪圈相连，污物直接排入猪圈，也就是连茅圈。夏天如厕，蝇蚊乱飞，令人十分难受；冬天如厕，寒风刺骨，让人瑟瑟发抖。上个厕所浑身味儿，晚上还得带手电。

北坪村党支部石书记在这个位子上已经干了10年。这些年，村里为村民做了许多好事，石书记却年年为一件事发愁。北坪村隶属于仙台镇，有125户人家，村民们大部分以务农为生，庄稼离不开农家肥。村里多是连茅圈，攒土肥，不仅味儿大、占地方，还没有防渗措施，可能污染地下水。

石书记愁了10年，仙台镇西单村的孙大娘却愁了两个10年。20多年前，孙大娘的儿子娶了城里的漂亮媳妇，村里人都羡慕她。一开始，孙大娘挺乐呵，可往后每次过年她心里就堵。原来，儿媳妇不习惯连茅圈，每年回来过年，儿子一家吃完午饭就往城里赶。小孙女童言无忌，直言奶奶家不如城里的外婆家楼房干净。孙大娘无奈感慨，卫生环境不好，留不住年轻人。

"农村土茅房、旱厕和连茅圈，污染空气和地下水，还成为蚊蝇孳生地、病菌传播源。据统计，80%以上的传染病是由厕所污染和饮水不卫生引起的。"Z市农工办调研科汪科长说。

从2014年10月开始，Z市将农村厕所改造列为美丽乡村建设的重要项目，（高位推进）这可解了石书记和孙大娘多年的愁。

可是厕所虽小，改造却是大工程，牵扯到方方面面。

钱从哪里来，每家每户出多少？这是农民群众非常关心的问题。Z市专门出台农村改厕专项资金管理办法，村民改建一个旱厕可享受省、市、县三级补贴，各镇、村根据财力状况也制定了相应的扶持奖励政策。"改造一间水冲厕所，基本不用农民群众自己花钱。"汪科长说。（资金保障）

村民小钱在翻新房子时，趁着政府包改厕，给厕所来了个升级换代。他给厕所地面和内墙贴了瓷砖，装配了淋浴设施，放上了洗衣机，加装了暖气片。他兴奋地说："既干净又整洁，跟城里的一个样。"

村里所有改好的厕所外面，都竖着一根白管，用于排放化粪池发酵产生的沼气，以防爆炸着火等意外发生。（前期准备）

为保证改造效果，Z 市严把改厕入口关，采取“统一招标耗材、统一施工队伍、统一施工规范、统一检查验收”的方式，从物料准备、厕所改造、便器安装等方面实行全程服务。（严把入口关）改厕后，每家每户都有编号，这些农户和对应的编号会记录在册并上网，为以后清淘、修理打下“大数据”基础。

“改厕要因地制宜，我们几乎把全国的改厕模式、厕具都拿来研究了一遍，最后选择了几种符合 Z 市农村实际的。”汪科长坦言，“具体到每个村的情况还不一样，村里就召集村民开大会，商量村里具体采用哪种方式。”（方案确定）

在双林镇辛庄村，每 5 户就有一台小型生物一体化处理设备。粪便污水经过化粪池沉淀过滤，通过管道流入这个设备。经过处理后，排放出来的水可以作为绿化用水。

“我们这里的农村，厕所大部分在室外，冬天易结冰，便盆到化粪池的管道就得取直，防止结冰。”汪科长说，“但是取直后容易反味，所以就在管道中间加了一个皮阀，冲水的时候随水流冲击力方向打开，水流完就自动关闭。”

化粪池总有满的时候，大约多久淘一次呢？西江镇负责改厕的任副镇长作了介绍，“配置 1.5 立方米大小的三格化粪池，差不多一年到一年半淘一次。三格化粪池，三格由连通管相连，第一格起到截留粪渣、沉淀虫卵和使粪液分层的作用，第二格继续发酵，经第三格贮存发酵后，病菌和寄生虫卵基本被杀灭。”（工程实施）

在任副镇长看来，农村改厕是向洁净乡村建设迈出的一大步，但更重要的是像淘粪这样的后续管护该怎样运营。

为了建立农村无害化卫生厕所后续管护长效机制，Z 市建立了“有场所、有牌子、有车辆、有人员、有电话、有制度、有经费、有配件专柜、有活动记录、有粪液利用”的改厕管护服务组织，并坚持市场化、社会化运作，因地制宜选择管护模式，对改造后的厕所进行统一管理，定期统一收集、统一运输、统一无害化处理和资源化利用。

在后续管理资金保障方面，Z 市按照政府补助引导、集体和社会资助、群众自筹相结合的原则，探索多方筹集机制。对长效管护运作较好的地方，安排专项资金给予适当奖补。对改厕后续管护组织的设备购置，各级财政给予适当补助。市级财政还出资在 49 个乡镇建立农厕管护服务组织。各区县都建立了适合当地实际情况的管护组织。

为防止粪液粪渣随意倾倒造成二次环境污染，更好地开展资源化利用，Z 市鼓励依托合作社或家庭农场注册成立清运公司进行改厕管护清运服务。“我们村子也成立了清运公司。”北坪村的石书记说，“村里正在发展好几百亩的有机农业生态园，这粪液粪渣正好当作有机肥。”（后期管护）

改厕后，村子里不见粪水，蚊蝇少了，各家各户也干净了不少。不过，村民长期形成的如厕习惯也不是一时半会儿能改掉的。一些旱厕虽改成水冲式厕所，但一些村民如厕后忘记冲水，有的随手乱扔厕纸，有的不能定期洗刷等。为此，Z 市利用广播、电视、报刊、标语等多种形式，促使用上干净厕所的农民养成讲卫生的好习惯。（宣传教育）

截至 2017 年 10 月底，Z 市 2500 个应改村的 37 万农户，全部完成改厕任务并顺利通过省级验收，比上级要求的提前一年半整建制实现农村无害化卫生厕所全覆盖。

◎问题

“给定材料 1”介绍了 Z 市农村改厕的情况。相邻的 F 市近期也准备启动农村改厕工程，假设你是 F 市有关部门工作人员，请借鉴 Z 市的做法，拟写本市农村改厕工程的工作方案。

要求：（1）内容充实，可操作性强；（2）思路清晰，结构完整；（3）语言简洁顺畅；（4）篇幅 700—800 字。

◎答题思路

1. 标题：关于 + 事由 + 文种。

2. 称谓：如果题目未确定上级单位，可写可不写。

3. 导语：目的意义等。

4. 主体：根据材料内容灵活处理。

◎答题范例

关于我市农村改厕工程的工作方案

为建设美丽乡村，切实改善农村生活卫生条件，防止农村疫病传播，改善村容村貌，进一步缩小城乡差距，我市将启动农村改厕工程，特制定具体方案如下。

一、坚持原则

坚持以人为本，坚持因地制宜，坚持统一流程标准，坚持市场化、社会化运作。

二、组织实施

（一）前期准备。1. 高位推进。列为美丽乡村建设的重要内容。2. 方案确定。因地制宜，借鉴 Z 市和其他地方的模式，以村为单位召开村民大会确定方案。3. 资金保障。出台改厕专项资金管理办法，实行省、市、县三级补贴，镇、村制定扶持奖励政策。

（二）工程实施。1. 严把入口关。统一招标、检查验收等全程服务。2. 每家每户的编号会记录在册并上网，为以后的管理打下“大数据”基础。3. 完善设施。配置小型生物一体化污水处理设备；加装皮阀解决反味问题；安装化粪池排气装置确保安全；化粪池科学分层设计。

（三）后期管护。1. 建立长效机制。制定标准，组建改厕管护服务组织，市场化、社会化运作，因地制宜选择管护模式，统一管理、收集、运输。2. 资金保障。建立多方筹资机制，政府补助引导，集体和社会资助，群众自筹；设立专项奖补资金。3. 无害化处理和资源化利用。依托合作社和家庭农场，成立清运公司，发展有机农业生态园。

（四）宣传教育。利用广播、电视、报刊、标语等形式促进改厕，让农民养成讲卫生的好习惯。

三、工作要求

加强组织领导，提高思想认识，严格组织落实，加强监督检查。

第十九节　评论

材料 1：2020 年重庆公务员考试申论试题（一卷）

一身时尚的服装，坐在一辆新买的小汽车中，车中音响里播放着快节奏的流行歌曲，这一切都使得小王和 10 多年前刚从乡下老家来时判若两人。在 S 市这座大城市坚持了 10 多年后，快递员小王觉得自己离这个流光溢彩的大都市越来越近了，这个城市对他来说也不再那么陌生和疏离。他离梦想更近了一步，在这个大城市扎根，不再有外乡人的距离感。（结语）

10 多年前，21 岁的小王站在 S 市一栋高楼下，仰着头看，看得脖子发酸。这是一个农村人第一次看到 20 多层高的大楼。彼时，物流产业政策和市场环境不断改善令中国物流行业呈现新的面貌。虽然面临高油价、人力资本上升的压力，但当时整个行业仍呈现蓬勃发展的势头。就是在此大背景下，小王从乡下老家来到 S 市当了一名快递员。

小王至今还记得，他第一次出来送快递，当天的10票快件，从早上8点送到了晚上12点他才送完。虽然磕磕绊绊一整天，但收工时，他感到很高兴，很有成就感。入职两个月后，小王的业绩就做到了网点的前三。那时候，民营快递行业基本还是固定工资制，小王一个月可以拿到2000元工资。

很长一段时间，晚上空闲的时候，小王和几个朋友会一起骑上电瓶车到处兜风。江边高楼大厦林立，五颜六色的灯光闪烁着。江面上游船来来往往。江上的夜风温暖。一切都是新鲜的，令他激动。他梦想着早日融入这个城市，成为这个城市的一员。

那时，电商客户还少，快递业以个人散件为主。全网点只有几个快递员。对S市人来说，快递员还是一份边缘职业，受人歧视。有一次，小王正准备进门收件，门内的客户却把他拦在了门外，"别别别，刚拖过地"，客户边不耐烦地嘟囔着边把门关上了。等了会儿，门才稍稍开了一条缝，客户把邮件递了出来。至今，这条门缝还令他内心有强烈的刺痛感。不过，奔走在这个城市的大街小巷，小王也常常感受到这个城市里人情的温暖。夏天的时候，很多热心市民和商家在街道上摆放专门的冰柜，免费提供饮料。每次路过这些蓝色帐篷下的冰柜，小王都觉得特别暖心。

快递业的好时代起始于2008年。这一年，是中国的"奥运年"，也是中国物流发展的关键一年，很多电商开始助推物流业的迅猛发展。由于电商快件的特性，快递公司需要建立全国性的网络，加盟承包制开始兴起，全国性的快递系统开始运转。2009年10月1日起，修订后的《中华人民共和国邮政法》的实施，确定了民营快递企业的合法地位，民营快递业迎来了发展的春天。2013年，民营快递企业市场占有率开始超过国有快递企业。

小王也分享了行业高速增长带来的红利。2013年，小王每天最多收件可以达到800件，谦和的态度和勤奋努力让他的业绩做到了网点第一，他每个月已经可以拿到8000元的工资，在S市也算不错的收入了，他的消费也升级了，开始去大型商城购物了。

随着快递业加盟制问题的逐渐暴露，各大快递公司逐渐收缩加盟网点，开始直营化。经营模式的改革助推了快递业的发展。2016年，中国快递业务量突破300亿件，连续6年每年增长超过50%，此后多家快递公司成功上市，快递公司已不再是当年靠着几辆自行车送件的小作坊了。

2016年，小王所在网点被总部收回直营，开始按照更为成熟的公司管理模式运营。小王被任命为网点运营经理，参与网点的管理。现在小王每个月的工资已超过1万元。他买了一辆十几万元的小汽车，并且回老家拆掉了当年的土坯老屋，新盖了一栋三层的小楼，让村里人羡慕不已。

小王很早就办理了S市的市民卡。市民卡不仅兼具医保卡和储蓄卡的功能，还能让人优惠享受到泊车、乘坐公交车、租赁公共自行车等公共服务。为了推动外地人融入城市，S市还推出了积分入户政策，只要积满100分就可以落户。小王越来越感受到这个城市很多制度传递出的温情，在这个城市工作了10多年，小王很感谢S市这个大城市，让他有了一份稳定且有上升空间的工作。当然，“我在S市也离不开快递业，离不开我们的服务了。”小王说。

◎问题

请根据“给定材料1”，以“城市的温度”为题目，为《S市日报》写一篇评论。

要求：紧扣材料，立意明确，思路清晰，语言准确；不超过400字。

◎答题思路

评论关键在于“评”，只有精准到位，“论”才有价值，才有可能更加出彩。“评”是“论”的前提和基础，主要为“论”提供必要的价值判断。

“论”则是“评”的补充和延伸，主要为“评”服务，为其寻找一定的理论参考或事实依据。本题主要从城市市民需要转变观念，助力新兴业态蓬勃发展和完善制度传递温情这三个方面来写。

1. 标题：城市的温度

2. 开头：根据材料概括评论对象 + 根据材料给出观点

3. 主体：论述人情、机遇、制度给小王带来的温度

4. 结尾：结论

◎答题范例

城市的温度

10 多年前，中国物流行业呈现蓬勃发展的势头，小王从乡下老家来到 S 市当了一名快递员。他梦想着早日融入这个城市，成为这个城市的一员，而 S 市传递出的城市温度也让小王的梦想逐步实现。

刚当快递员时，小王因受到歧视，内心产生了强烈的刺痛感；但很多热心市民和商家在街道上摆放专门的冰柜，免费提供饮料，让小王感受到了 S 市里人情的温暖。随着电商的发展，物流业经营模式的改革与政策的扶持，快递业迎来了发展的春天，小王也以谦和的态度和勤奋努力增加了收入，改善了生活条件。小王很感谢这个大城市让他有了一份稳定且有上升空间的工作。如今，小王在 S 市不仅凭借市民卡优惠享受到多项公共服务，而且还因 S 市推出积分入户政策，推动外地人融入城市，感受到了制度的温情。

S 市的人情、机遇和制度让这座城市有了温度，也让小王离梦想更近了一步，在这个城市扎根，不再有外乡人的距离感。

第二十节　工作汇报

材料 1：2024 年国家公务员考试申论试题（副省级）

国无农不稳，民无粮不安，粮食产业是乡村振兴的基础。习近平总书记强调："坚决守住 18 亿亩耕地红线，逐步把永久基本农田全部建成高标准农田。"高标准农田建设成为夯实乡村发展的产业基础、推进乡村振兴的重要保障。开展高标准农田建设能够有效改善农业生产条件，为实现农田增量、农业增效、农民增收，牢筑"耕"基，推动农业产业基础设施提档升级。（背景介绍，提出高标准农田建设的重要意义）

C 市深入实施"藏粮于地、藏粮于技"战略，建设新型农田，聚焦粮食生产功能区和高标准农田等重点区域，运用工程、生态、农艺、数字等技术措施，努力把高标准农田示范区建成高产高效样板区、融合发展引领区、数字农田先行区、共同富裕实践区，目前农田入图面积约 400 万亩。调研组针对 C 市成功经验开展实地走访。（总论，介绍 C 市深入实施藏粮于地、藏粮于技战略，进而推进新型农田建设的主要思路）

仁和县有 2000 亩旱田，因田间沟渠老化、水利设施损毁，20 多年来一直只能种植小麦和玉米，旱不能灌、涝不能排，产量极不稳定。特别是夏季降雨偏多，农户种植的玉米受淹，平均减产三成，个别受灾严重的田块减产一半甚至绝收。县政府利用市农业农村局高标准农田建设项目资金对该地块进行整理改造，通过田间沟、渠、桥、涵、路修复重建和土地整理，把原来只能种植玉米等作物的旱田，改造成能灌能排的水浇田，旱田改水田，玉米改水稻，大幅度提高粮食产量，亩产增加 200 公斤以上，亩增收超过 500 元，2000 亩地可增收 100 万元以上。（取得成效 1）（仁和县针对地理环境不利的因素，开始利用高标准农田建设项目资金对地块进行整理改造，改造成高标准农田，旱田改水田、玉米改水稻，大幅提高粮食产量）

长平县农业农村局刘局长对调研组介绍，在土地整理之前，有的村里想搞土地流转，每亩 700 元的租金也无人问津。经过高标准农田建设改造后，分散的土地被统一整合，租金一下子涨到了每亩 1000 元，很快就被种粮大户承租，成功搞起了规模化种植。现在村民们除了固定的土地租金，还可以通过务工增加工资收入。自高标准农田建设以来，长平县农田基础设施条件得到显著改善，各乡因地制宜推进产业结构调整，稻油、稻鱼、稻虾、稻蛙等特色优势产业稳步向前，农业综合效益明显提升。（取得成效 2）（介绍长平县经高标准农田建设改造后，成功搞起了规模化种植，特色优势产业稳步向前，农业综合效益明显提升）

高标准农田建设给农村、农业和农户带来了翻天覆地的变化。不过，调研组也发现个别地方在高标准农田建设过程中还存在一些问题。

在凤溪县福树村，村民林大叔指着自家屋后的果园告诉调研组："这些苹果树已经种了 20 多年了。也不知道为什么要将这块地划为高标准农田，总不能让我把这些树都砍了吧？"在《凤溪县 2022 年高标准农田建设项目工程规划图》上，林大叔屋后的果园所占地块，恰好是标号为 325 的高标准农田。上级文件要求，高标准农田原则上全部用于粮食生产。图上明明是高标准农田，为何实际是果园呢？调研组沿着福树村村道逐一查看，发现至少有 30 处标号地块"图文与实际不符"。（问题 1：规划与实际不符）

"高标准农田建设项目是上面给划分区域、分派任务的，实际和规划有出入很正常。"凤溪县农业农村局负责规划工作的小周解释说，"我们最终确认建成的高标准农田，就是以我们最终实施的地块为准。这个项目已经过县级验收，（对策 1：提高县级验收质量）现在市级验收还没有结束，市级验收结束后我们才正式上图入库。"高标准农田的建设地块，真的如小周所说的那样，可以随意变更吗？根据C市农业农村局的批复文件，凤溪县2022年高标准农田建设项目区涉及福树村等7个行政村4530户，建设任务达1.6万亩。文件要求严格执行批复的初步设计，不得随意调整和变更，要严格按照《高标准农田建设通则》及相关政策规定组织施工。（问题2：政策知晓度不够）如果有变更的，必须先上报变更申请，待上级批复同意以后，才可以进行调整。（对策2：广泛宣传政策）

目前该项目已通过凤溪县级审核验收。那么这样的项目，究竟是如何通过县级审核验收的？“图片仅供参考，以实物为准，建设项目中大多数都是这样实施的。”凤溪县农业农村局赵局长表示，“只要完成数与规划数是一致的就行，此前好像都是这样做的，大家可能认为这样没什么问题。”

根据《高标准农田建设通则》，田间道是指连接田块与村庄、田块与田块，供农田耕作、农用物资和农产品运输通行的道路。但调研组实地调查采访、对照规划图后，发现福树村用高标准农田建设资金修建的“田间道”，并不连接任何田块。

调研组在走访中还发现，在C市部分已建成的高标准农田中，田间管理也并未按要求进行。（问题3：田间管理不严）按照市农业农村局的要求，改造后的高标准农田均需增施有机肥，且有机肥应通过施工单位统一实施入田，严禁“以发代施”，但C市洪林县的多个村庄按照人口直接把肥料发放给了村民。

“上面确实是按土地亩数发放的，但我们村里都是按人口发放的。”洪林县贵康村郑主任说，“如果按地给，有的一家两三口人有四五亩地，有的一家人都没有地，这就不好弄了，大家也都同意了按人口发。”调研组在贵康村走访发现，有农户家中还存放着2021年下发的肥料，还有农户正将本应施于高标准农田地块的有机肥挪给果树使用。村民柳嫂说：“村里把肥料发下来，不就是给我们种地了吗？我不知道这个肥料不能给果树施。”（对策3：强化督查问责）

◎问题

“给定材料 1”反映了 C 市高标准农田建设过程中的一些情况，调研结束后，督导调研组拟向局领导汇报调研情况，并提出改进建议。假如你是调研组成员，请草拟汇报的主要内容。

要求：（1）紧扣材料，内容全面；（2）简明扼要，条理清晰；（3）不超过 500 字。

◎答题思路

这是一道有关调研工作开展情况汇报的公文写作题。调研汇报是陈述具体的调研目的，解释为什么以及如何展开调研工作，汇报调研成效及存在问题，提出结论和可行性建议。

1. 标题：关于 + 事由 + 汇报。

2. 开头：背景或意义。

3. 主体：取得成效 + 存在问题 + 改进建议。

◎答题范例

关于 C 市高标准农田建设基本情况的汇报

我市深入实施“藏粮于地、藏粮于技”战略，聚焦粮食生产功能区和高标准农田等重点区域，运用各类技术措施，大力建设高标准农田示范区，目前农田入图面积约 400 万亩。

1. 取得成效：仁和县对 2000 亩旱田地块进行水田改造，玉米改水稻，亩产增加 200 公斤以上，亩增收超过 500 元。长平县高标准农田建设改造后土地流转租金从每亩 700 元涨到 1000 元，种粮大户承租后进行规模化种植，各乡镇开始推进产业结构调整，农业综合效益明显提升。

2. 存在问题：一是规划与实际不符。县级验收标准不高，很多地块规划图为高标准农田但实际是其他用途土地。二是政策知晓度不够。农户不了解高标准农田建设政策，没有按要求组织生产。三是田间管理不严。有机肥未按要求统一入田，违规按人头发放。

3. 改进建议：一是提高县级验收质量。加强对县级验收人员的政策辅导，指导培训县农业农村局做好验收工作，要求每个地块验收责任到人。二是广泛宣传政策。专门对镇、村负责人开展政策解读，向农户发放政策“明白纸”，提高种植积极性和规范程度。三是强化督查问责。畅通群众监督举报渠道，加强日常检查巡查，对市级验收通过率低、随意变更情况严重、田间管理混乱等情况予以通报并收回部分指标。

第二十一节　主持访谈

材料 1：2018 年安徽公务员考试申论试题（B 卷）

近期，某电视台制作了一期以“实施乡村振兴战略，加快推进农村现代化”为主题的访谈节目，受邀参加讨论的是种粮大户老郑、基层干部郭书记和“三农”专家叶教授三位嘉宾。嘉宾就加快推进农业农村现代化，实现乡村振兴，从不同侧面，围绕三个问题，谈了自己的观察和思考。

对第一个问题的讨论：

老郑：现在种地，不换个种法不行。对普通农户来说，每亩地的毛收入也就 1500 元上下，但农资、机械等各项成本就超过 1300 元。（收入低、成本高）大户收益靠规模，但风险也更高。今年我们市遭遇的旱灾比往年严重得多，对稻米产量影响不小。另外，现在我们市稻米价格每斤 1.6 元上下，比其他地方好些，但与去年相比，还是降了 1 角多。农民种粮，要面对自然和市场双重风险，真希望政策能给我们撑起更强的保护伞。

郭书记：我们县是农业大县。作为基层干部，我经常与农民打交道，深知一亩三分地对农民的重要性。农业农村农民问题是“饭碗”问题，是发展问题，更是民生问题。尽管今年我们县遭受了自然灾害，但在全县干部群众努力下，小麦总产量还是达到 34.73 万吨，略高于去年水平。

叶教授：总体来说，当前农业结构调整有序推进，农业绿色发展大步迈进，农村改革稳步推进，农业农村发展取得了历史性成就。这得益于 21 世纪以来，中央强调要把解决好“三农”问题作为全党工作的重中之重，先后提出了多予少取放活、统筹城乡发展、城乡发展一体化等重大方针，先后采取了取消农业税、实行农业直接补贴、加强农村基础设施建设、建立农村社会保障体系等重大举措。（1. 提供政策支持）

对第二个问题的讨论：

叶教授：实现农业农村优先发展，必须把“重中之重”落到实处。抓“三农”，对做大地方 GDP，增加地方财政收入难有明显贡献，导致一些地方不愿意把精力放在“三农”工作上，不愿意把稀缺资源投向农业农村。比如，我们在基层调研时经常发现，尽管农产品储藏、加工项目有利于带动当地农业发展和农民增收，但由于产生的固定资产投资、地区生产总值、税收有限，一些地方不愿意为这类项目安排新增建设用地指标，一些产业园区不愿意引进这类项目。（2. 抓好政策落实）

改变这种状况，关键在于转变政绩观。衡量一个地方工作的好坏，要看工业，更要看农业；要看城市，更要看农村；要看经济总量，更要看民生改善。要坚持农业农村优先发展，在领导决策拍板、财政资金分配、重大项目安排时真正做到向农业农村倾斜。

老郑：这些年合作社日子好过，得益于党的政策好。拿农机来说，国家给补贴，我们合作社里有 51 台“大铁牛”，今年秋收，接了周边区县不少收割的活儿，没闲着。再说科技，我们种有机水稻，每个生产流程都要技术，没有农技部门专家常年在田间指导，肯定干不成。

这几年种地规模越来越大，对硬件条件的要求也越来越高。地多了得用大型农机，但我们这里丘陵多，还有不少泥土路，过去大型农机根本进不去，多亏县里修了不少“农机路”。我们发展生态农业，要安装杀虫灯，原来山里不通电，相关部门了解情况后，帮我们解决了用电难题。农田水利设施也逐渐完善。种地条件越来越好，就是给我们吃了“定心丸”。

郭书记：上面千条线，下面一根针，基层干部就是穿针引线的人，要把党对“三农”的重视切实传递到田间地头。虽说粮食连年丰收，农民生活越来越好，但“三农”问题历史欠账多。就我们县而言，农业基础设施的短板还要补，农业规模化经营水平不高，农业的结构性矛盾还未完全破解。

对第三个问题的讨论：

老郑：这些年，村里道路越来越宽，房子越盖越好，娱乐活动越来越多。但也不能说完全没有愁事儿，有的村里还没垃圾桶、垃圾站，满地垃圾影响村容村貌。有些偏远的地方没有路灯，晚上村民不敢出门。现在，不少村里的年轻人都外出打工，大家都关心以后谁来种地，留在村里的老人娃娃谁管。（农村存在基础设施不完善，劳动力流失严重，贫困问题等短板）

郭书记：补齐“三农”发展短板，增强农业农村活力，关键要促进资源要素在城乡间流动。我们县积极引进资本，吸引农民工、高校毕业生返乡创业。大力发展乡村旅游、创意农业，实现“科技+”“教育+”“健康+”等新业态，促进一二三产业融合，提升农业的附加值。

叶教授：实现国家现代化，必须补“三农”这个短板。实现农业农村现代化，也不能平均发力，而应抓重点、补短板、强弱项。从目前“三农”领域情况看，这几年全国脱贫攻坚取得明显成效，农村贫困人口快速减少。下一步除继续做好剩余贫困人口的脱贫攻坚外，还应注重提高脱贫质量、夯实长久脱贫的基础。贫困人口观念改变、能力提高，贫困地区基础设施和营商环境的改善取得实质性进展，这才是高质量的脱贫。（3. 补齐短板弱项）

经过多年努力，农村公共服务体系实现了从“无”到“有”的历史性转变。目前主要问题在于公共服务领域的城乡差距仍然太大，农村公共服务的保障水平太低。应把从“有”到“好”作为主攻方向，继续推动城乡义务教育一体化发展，完善城乡居民基本养老保险制度，完善统一的城乡居民基本医疗保险制度和大病保险制度，统筹城乡社会救助体系。

随着大量农村人口转移进城，部分地方出现了“空心屋”“空心村”，这是现代化进程中的必然现象，也是正常现象。我们要做的，是为乡村聚人气、添活力。要以县域为单元，规划好村镇体系，把传统民居和古村落保护好，把今后将长期存在下去的村庄建设好。

主持人：结束语（略）

◎问题

“给定材料 1”讨论了涉及推进农村现代化，实现乡村振兴的三个方面问题，每个问题的聚焦点不同，访谈结束时，主持人作了简要的总结，请为主持人撰写访谈的结束语。

要求（1）写成一篇 450 字左右的短文（不加标题）；（2）内容全面，主体部分须涵盖各个问题的聚焦点；（3）条理清楚，简明扼要。

◎答题思路

1. 过渡语句：嘉宾讲话转向主持人发布结束语。
2. 概括聚焦点：保障体系，政策落实，补齐短板。
3. 结束语：聚焦点引发启示与致谢。

◎答题范例

刚才，听了三位嘉宾的精彩发言，受益匪浅。种粮大户老郑质朴表达了农民朋友的心声，基层干部郭书记反映了基层管理中存在的问题，“三农”专家叶教授为我们分析了“三农”问题并提出了可行性建议。今天的讨论成果可以总结为三个方面：

1. 提供政策支持。“三农”工作是全党工作的重中之重，我们必须充分认识“三农”工作的重要性，加大政策保障和扶持力度，为“三农”发展提供坚强有力的保障。

2. 抓好政策落实。基层干部在基层管理中起着上传下达的“中枢”作用，我们应转变政绩观，把精力放在“三农”政策落实上。

3. 补齐短板弱项。通过提高脱贫质量、提高农村公共服务供给水平等方式，补齐“三农”发展在环境改善、基础设施建设、“空心化”等方面的短板，实现农业农村现代化和国家现代化。

农业强不强、农村美不美、农民富不富，可以说直接决定了小康社会是否建成，也决定了“乡村振兴战略”是否有效实施。这是一项伟大的系统工程，不仅需要政府的高度重视，更需要每个人的广泛参与。再次感谢三位嘉宾的精彩分享，感谢观众朋友们对节目的收看。

第二十二节　招聘启事

材料 1：2023 年浙江公务员考试申论试题（B 卷）

一个村庄也要有自己的“CEO”了？他们的工作是什么？前不久，浙江省 H 市 L 区开出 20 万元年薪的优厚待遇，招聘农村职业经理人。这一新兴职业引起了公众的关注。

D 村是 L 区此次招聘农村职业经理人的村之一。D 村村委会工作人员说，从报名情况看，农村职业经理人岗位很有吸引力，报名人数众多，而且应聘者都很优秀。“职业经理人不仅要对农村有深刻的理解，能够把握和发挥好农村的特点和优势，（招聘要求）还要对各级政府在农业农村领域的相关政策有深入了解，具备招商引资的资源和能力等。”该工作人员介绍，“以前仅靠村委会的人员，在经营方面力量有所不足，所以需要专业人士来做专业的事情。”这并不是H市第一次招聘农村职业经理人。H市Y区早在2019年就集中招聘了8名经营管理人才担任农村职业经理人，招聘形式与此次L区类似。当时共有412人报考，报名与录取比例超过50∶1；其中T村的经理人岗位，比例更高达114∶1。报名者都具有本科及以上学历，其中硕士75人、博士1人，有供职于地产行业的“金领”，有来自京沪金融投资圈的MBA，还有常年深耕美丽乡村旅游发展的职业规划设计师等。

“85后”小唐就在那次招聘中成功胜出，成为Y区F村的职业经理人。小唐自从大学毕业后，就一直从事文旅方面工作，也做过一段时间乡村运营师，工作内容与“乡村CEO”类似。对农村的深厚感情，也让小唐更进一步选择成为一名农村职业经理人，加上她是本地人，可以更好理解当地文化以及进行沟通。在招聘面试时，小唐凭借一个此前策划的成功案例吸引了评委：她当时工作的村里有一家馒头铺，原本只是单纯的早点摊，在与老板沟通后，小唐组织专门团队对馒头铺进行了改造升级，馒头铺的经营形式不断丰富，可以让客人体验做馒头，也可以成为中小学生劳动教育研学场所，而专门设计的口味和精美的包装，还吸引很多游客将馒头作为乡村旅游的伴手礼。

在入职F村时，新组建的经营管理公司只有小唐一个人，她既是CEO，也是员工。“村庄资源的梳理、村落文化的调研、闲置资产的摸排、产业活动的策划执行、推广视频的剪辑制作等，（工作内容）全是我一个人在做。”小唐介绍，F村一半的土地是茶园，茶叶是该村最主要的产业，以往村民主要是售卖新鲜茶叶或是各自加工。如今进行规划后，从源头开始统一茶叶的品质，在原来废弃厂房处新建了茶产业设施用房，同时还在积极吸引游客前来体验。

“F村距离H市主城区较近，我们的主题就是以茶为基础，带动第二、第三产业发展。”小唐介绍。她正在计划打造“茶家乐”，让村民将闲置的资源利用起来。

“做一名农村职业经理人，要平衡考虑好各方面的情况，兼顾各方诉求，需要协调和沟通各方，才能更好地开展工作。”小唐说。经过一年多的工作，她赢得了村里村外各方的认可和支持，公司团队也扩展到了3人，新加入的2名员工都是有活力的年轻人，其中一人还是硕士研究生。“心急吃不了热豆腐，做乡村工作最重要的就是不能急、要考虑长期的效益。”小唐说，各村的情况有所不同，具体的发展措施也不一样。

近年来，K市A村通过完善基础设施，加大产业扶持力度，推动农村特色经济不断发展壮大。村里聚焦打造稻香水韵农家、健康慢生活主题村落，开展了稻田娱乐、消夏避暑、特色民宿、农家体验等乡村旅游项目，吸引了越来越多的游客。今年“十一”期间，A村结合村庄资源，开展水上休闲旅游项目，接待游客3500余人，收入60余万元，带动村内就业150余人。这些成绩和效益的取得，让A村人有了把特色经济继续做大做好做精的迫切愿望，但其也感觉遇到了瓶颈，迫切需要专业的助力。（招聘背景）

“这几年村里经过治理，环境和条件有了翻天覆地的变化。‘绿水青山’有了，怎么更好更快地变成‘金山银山’呢？”A村党支部书记老张直言，这几年村“两委”一直在努力为经营好村里项目、提高村民的收入动脑筋做工作，虽有一些成效，但总觉得有些力不能及。“比如，为了能吸引游客，我们计划根据时令举办一些活动。想法是有，可怎么对接资源、策划内容、做好宣传，我们都不擅长，感觉错过了一个又一个的机会。”

“让专业的人干专业的事”，A村打算选聘职业经理人。经过一番咨询和走访，老张对选聘有了一些打算：A村职业经理人实行聘用制管理，（面试形式）首次聘用期初步考虑为1年，做得好的续聘2年；薪酬分基本工资和绩效工资两部分，基本工资不少于 12 万元，绩效工资为村集体经营性收益的 5%，做得好的可能达百万元。（薪资待遇）“所谓百万薪酬，其实是一种绩效奖励，这需要应聘人员的个人能力非常高，完成推进乡村项目招商落地运营、盘活乡村集体资产，通过一系列目标考核，才能实现百万年薪。”老张说。

根据工作实际需求，村里打算放宽对应聘者的学历要求，更注重个人能力和实际经验，以面试形式代替笔试进行选聘。（面试形式）老张表示，选聘农村职业经理人，不是选能帮助村集体种田养鱼的技术能手，而是选能带动乡村发展，让乡村特色产业更上一层楼的“经营能手”。同时，这也是一个“双向奔赴”的过程，村里打算以最优厚的条件吸引人才，也希望人才能够以自身真正优势来获得村里的青睐。

◎问题

根据材料，为 A 村拟写一份农村职业经理人招聘启事。

要求：（1）紧扣材料，内容明确；（2）条理清晰，表述简洁；（3）不超过 350 字。

◎答题思路

1. 标题：招聘启事。

2. 正文：开头部分写招聘农村职业经理人的背景；主体部分写“招聘要求”“工作内容”“招聘形式”“薪资待遇”“报名时间”“联系方式及地址”六个方面内容。

◎答题范例

招聘启事

K 市 A 村特色经济快速发展，但也遇到了瓶颈，迫切需要专业的经营管理人才助力，现招聘一批农村职业经理人。

1. 招聘要求：（1）深刻理解农村，能把握农村特点，发挥农村优势；（2）深入理解农业农村各领域相关政策，有招商引资的资源和能力；（3）协调沟通能力强，能兼顾各方情况和诉求；（4）有文旅和乡村运营有关工作经验者优先。

2. 工作内容：梳理村庄资源、调研村落文化、摸排闲置资产、策划执行产业活动、剪辑制作推广视频等。

3. 招聘形式：面试择优录取；聘用制管理。

4. 薪资待遇：基本工资 + 绩效，基本工资 12 万元以上，绩效为村集体经营性收益的 5%，优秀者可达年薪百万元。

5. 报名时间：2023 年 ×× 月 ×× 日—2023 年 ×× 月 ×× 日。

6. 联系方式及地址：159××××××××，A 村村委办公室。

申论写作

欲要文章写得好，经典金句少不了。
层次结构要分明，四梁八柱须立行。
妙笔生花不话下，走遍天下都不怕。
抓好凤头和豹尾，获取高分有水准。

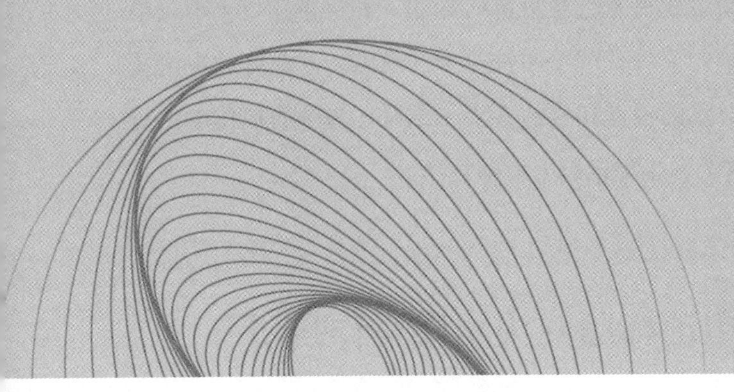

第一节　申论写作概述

申论写作题一般分值较高，字数比较多，话题比较广，立意也比较深，有的还要根据提供的材料背景，遵循“结合给定材料但不拘泥于给定材料”的要求，主要考查考生的文字功底、阅读理解能力等。在此基础上，围绕相关主题追求论证的深度和文采。同时，在论证过程中不能只做材料的“搬运工”，还要在考前充分积累重要讲话精神、当前社会高频热点语句及典型案例素材等，才能更好提升文采。

申论写作的基本思路框架：猫眼 + 凤头 + 猪肚 + 豹尾。这是对一篇好的文章的生动比喻。所谓猫眼、凤头、猪肚、豹尾，指的是文章的标题、开头、主体和结尾四个部分，要分别像猫的眼睛一样亮眼出彩、像凤的头部一样美丽俊俏、像猪的肚子一样充实丰盈、像豹子的尾巴一样坚劲有力。“猫眼”要求新颖独特、标题亮眼；“凤头”要求小巧美丽、吸引读者；“猪肚”的核心要求是有逻辑，通过一定逻辑关系把主体部分串联起来，以此论证观点；“豹尾”要求简洁有力、态度鲜明。

申论写作主要分为指定题目（已经给定的标题）和自拟题目（围绕某个主题、结合对给定的某句话的理解）两种类型。总之，一篇好的申论文章必须有亮眼的标题、对称的论点和好的开头、结尾。为全面抓住申论写作的基本要领，本章节将为考生提供以下解题技巧。

第二节　申论标题开头结尾写作技巧

申论写作有其独特的方法技巧与风格特点，主要体现在以下几个方面。

1. 立意要高远。写文章要具备高站位、观大体、识大局的格局，立足世情、国情、党情的变化，站在宏观和全局的高度来总览全局、谋篇布局，并思考问题、分析情况、提出措施，紧贴时代脉搏，达到“居高声自远，非是藉秋风”的境界。

2. 行文要简短。文章尽可能做到短小精悍、言简意赅、内容深刻。

3. 用语要灵巧。话有千说，巧者为妙。不同的文章表达方式会产生不同的语言表达效果。一篇优秀的文章既要有优美词句，还要前后连贯、语句丝滑，给人以行云流水之感。

4. 内容要充实。文章最忌讳“假大空”，尽量多用真实事例、精准数据，多用排比句增强文稿阵势。同时要掌握充足的素材，根据需要随时提取有价值的信息充实文章。

5. 框架要独特。一篇精致的好文章必须有独具特色的“四梁八柱”。框架立得好可以使文章出彩，让读者眼前一亮。

一、申论标题写作技巧

有句话说得好，“题好一半文”。标题是一篇文章的“眼睛”，是吸引人阅读文章的重要途径。主题鲜明、生动传神的标题，能够激发人们进一步阅读的兴趣，起到先声夺人、画龙点睛的效果。“读书读皮、看报看题”同样道出了文章标题的重要性。

文章标题具有多重功能。一是讲究标题的对仗，追求美观与对称，吸引人的眼球，如按规律办事、按规矩做事，辛勤的耕耘、丰收的喜悦等；二是体现文章主旨，如躺平不可取、躺赢不可能，独特的方法、独“道”的调解等；三是巧设悬念引发读者探究欲望，如成功的秘诀：乔布斯是如何定义成功的？你知道世界最神秘的地方是哪里吗？

1. 对仗式标题：（1）与创作“较劲”，对精品“耐心”。标题标新立异、鲜活生动、言简意赅、意味深长，诠释了对于文艺创作的深刻洞悉。“较劲”生动展现作者在创作过程中敢于自我挑战、越是艰难越向前的精神风骨，“耐心”则强调了对于打磨精品的久久为功、绵绵用力的良苦用心，两者相辅相成、相得益彰。（2）在大地植绿，在心中播绿。“在大地植绿”体现“外化于行”，“在心中播绿”体现“内化于心”。标题点出了植树节所具有的潜移默化的示范引导意义，形式对仗、虚实结合、意蕴悠长，有助于指引人们增进对“增绿就是增优势、植树就是植未来”的认识。（3）让城市留住记忆，让人们记住乡愁。标题通过“城市”与“人们”、“记忆”与“乡愁”的对仗，引发人们无限遐想。记忆指保留历史文化遗产遗迹，乡愁指人们离开一个地方却仍旧想念。文章使保护好、传承好、发展好城乡历史文化的理念深入人心。

2. 口语式标题：（1）随手一帮，融入日常。标题通俗易懂、简洁明了。通过“随手一帮”这种表达，生动概括了志愿服务队队员在日常工作中乐于帮助他人的行为；“融入日常”则表现出这种行为已经潜移默化成为他们生活的一部分。（2）像空气一样无处不在、无时不有。标题将社会主义核心价值观比作无处不在、无时不有的空气，生动描绘了社会主义核心价值观的广泛性、重要性、日常性。（3）不读上千本书，教不好思政课。上好思想政治理论课关键在于发挥教师的积极性、主动性、创造性。这篇人物通讯的标题，让一位热爱读书、痴迷教书的思政教师形象跃然纸上，堪称点睛之笔。

3. 疑问式标题：（1）迎春和连翘，谁把春来报？这是一篇植物学专家科普文章的标题，意在比较春天开花的迎春与连翘之异同。这类文章的标题容易就事论事，但此文标题不仅直接点出文章叙述主体——迎春和连翘，而且巧妙化用毛泽东词作《卜算子·咏梅》中的“只把春来报”，读来朗朗上口，既能增强韵味，又能激发读者阅读文章的兴趣。（2）经济形势应该怎么看？这是一篇分析我国经济形势发展文章的标题。文章一开始采取一问一答的形式，分析当前错综复杂的经济形势，究竟应该怎么看？国内外广为关注。要在“乱花渐欲迷人眼”中穿透层层迷雾，把握发展规律、看清发展大势、得出正确结论，必须有科学的理论指导。（3）“村超”“村BA”何以火爆出圈？标题以疑问式来体现其独特的文化内涵，标新立异，“‘村超’‘村BA’之所以备受关注，并且让贵州‘火爆出圈’”，就在于它的独特之处。

4. 情景式标题：（1）望山看水留乡韵。标题富有浪漫主义色彩和诗情画意。“望山看水”画面感极强，让人直观感受到文章描绘的乡村美景；“留乡韵”则更深层次地表达了文章的主旨，“乡韵”不仅指乡村的自然风光和人文特色，还指乡村独特的生活气息和文化底蕴，“留乡韵”既有对乡村现状的珍惜，也是对乡村未来发展的期许。（2）春燕报春忙，画笔逐春光。标题切合节令，“春”意盎然，富有诗意，朗朗上口。“春燕报春忙”，点明春天生机活力，唱响春日劳动之歌；“画笔逐春光”，突出美术特色，“逐”字运用巧妙，充满动感，道出画笔下“春忙图”的生动景致，引人遐想。

5. 数字式标题：（1）一线共襄，千里同好。标题对仗工整、简洁明快、富有情感，生动表明了中老铁路对促进国际交流和友好关系的积极影响，增强了文章的感染力。（2）一部手机“装”着7000亩农田。标题以翔实数据说明文章主旨内容，同时又制造了悬念，吸引读者去文中寻找一部手机如何“装下”7000亩农田，这又将为“三农”工作带来什么样的改变。这种不设问却带“悬疑”的制题方法，方式独特，效果显著。（3）椰风海韵两千里，串珠成链一路通。标题采用对仗句式，形象描绘这条旅游公路上的美景和其对经济发展的带动作用，读来朗朗上口，充满美感。同时，标题用精准数字直观反映海南环岛旅游公路的突出特色，使得标题既精准凝练又有丰富内涵。

6. 虚实式标题：（1）低空经济蓄势高飞。“低空经济”一词，生动形象地道出文章聚焦的领域和探讨的内容；“蓄势高飞”生动描绘“低空经济”的发展态势和未来前景，给人以积极向上的前瞻姿态。“低空”与“高飞”的鲜明对比，诠释“低空经济”将要迎来爆发式增长。（2）丝弦分南北，各绽一枝春。这是一个独特的“通栏题”，统领栏目中各有标题的两篇报道。两篇分别讲述石家庄丝弦和常德丝弦特点的报道标题重“实”，这个通栏题则重“虚”，配合有力，相得益彰；同时，通栏题讲究修辞，措辞典雅又准确生动，将两种丝弦名称相同却呈现出不同风貌的主旨巧妙托出。（3）无限春风到黎寨。标题虚实结合，脱虚向实，意境幽远，很有情趣。无限春风是体现“虚”的一面，黎寨是体现“实”的一面，反映了五指山市毛纳村在党的政策的春风吹拂下，做好生态保护，大力发展茶产业，积极拓展乡村旅游和休闲农业等产业，走上生态美、产业兴、生活好的发展之路。

二、申论开头写作技巧

写精品，“凤头”意识绝对不能缺位。申论写作要想拿高分，开头的语言一定要精练。因为好的文章开头总会让读者眼前一亮，心情愉悦，也会吸引读者接着读下去。“凤头”要求小巧美丽、吸引读者。怎样才能写好申论文章的开头？可以从提问式、描写引入式、举例说明式、开门见山式等类型来落笔。

1. 提问式

提问式开头是一种有效的写作手法，不仅能够吸引读者的注意力，而且能够激发读者的阅读兴趣；能够增强文章的感染力，避免单调乏味，将读者引入情境，并使其愿意深入探讨；给读者提供一个反思的机会，有助于加深其对文章的理解，增强文章的趣味性。

例如：一粒麦子能实现怎样的蝶变？记者走进位于河南淇县的飞天生物科技有限公司生产车间一探究竟。只见小麦经过一道道研磨和精深加工工序，生产出面粉、麸皮；尾粉被制成淀粉、谷朊粉等产品；部分淀粉进一步转化后，又变成结晶葡萄糖和结晶果糖等高附加值产品。

（摘自《节粮减损，向全链条要效益》）

2. 描写引入式

通过简短、生动地描绘一段契合文章主旨的场景引入文章的正文，这种描写引入式开头不仅可以让中心思想跃然纸上，而且可以使读者渐入佳境。

例如：一条步道，串起菜园、果园、花园。道旁民居错落，白墙彩绘相映成趣。一幅田园乡居图，铺展眼前。

（摘自《铺展和美乡村新画卷》）

3. 举例说明式

举例说明式开头可以直接点缀主题，使文章表达的意思更加明确，增强文章的生动性，激发读者的阅读兴趣。

例如："茶馆普法"、桓谭"普法夜市"、法治"文艺列车"、"南湖之声"……"八五"普法以来，×市创新"1+2+4+N"普法模式，以法治之力持续推进"八五"普法走深走实。

（摘自《构筑普法"四梁八柱"激活法治"一池春水"》）

4. 开门见山式

开门见山式开头，就是文章一开始就体现文章的观点，直截了当，落笔扣题，总领全篇，纲举目张，让读者一目了然。

例如：促发展争在朝夕，好政策重在落实。

（摘自《雷厉风行抓落实》）

三、申论结尾写作技巧

写文章，“结句当如撞钟”。对于一篇好文章而言，一个惊艳的开头固然重要，一个精彩的结尾同样不可或缺。因而，要有写精品“豹尾”的意识。结尾主要有醒明本旨式、眼前指点式、放开一步式等类型。最为关键的是，平时必须积累一些素材，拓宽知识面。

1. 醒明本旨式

醒明本旨式结尾出自李渔《闲情偶寄》：“结有数法……或醒明本旨。”意思是行文中不表明写作动机，直到文章结尾才予以表明。

例如：“干了这么多年警察，我觉得我就该是个警察。”王聪颖话音未落，人已出门……

（摘自《我就该是个警察》）

注：结尾戛然而止，却与标题前后呼应。

2. 眼前指点式

眼前指点式结尾指行文中，作者不直接道出本意，结尾处，凭借对眼前景物的指点，含蓄曲折地透露出作者的深思。

例如：推开窗户，院子里的木棉花正灿烂开放。李顺麒，正如这代表着英雄的木棉树，永远扎根在边关的土壤，融入奔腾不息的红河……

（摘自《扎根边关的木棉树》）

注：借眼前所见的木棉树，依势而行，点出它所代表的精神，呼应题目，点明主旨，立意得到延伸，余音绕梁“三日而不绝”。

3. 放开一步式

放开一步式结尾就是一篇描述主体的文章，结尾落脚到精神、传奇等方面，使主题得到升华，卒章显志。

例如：木麻黄呀木麻黄，在福建的故事说不尽。她不仅为这里带来生态，更带来一种精神、一段传奇。

（摘自《防风固沙木麻黄》）

注：一篇写生态的稿子，结尾却落到精神、传奇方面，主题得到了升华。

第三节 指定题目类型写作

指定题目的申论写作就是申论的题目已经确定，考生必须按照这个题目列出文章标题，如以试谈“有”与“无”为题，写一篇文章；请你参考给定材料，联系实际，以“‘治’慧”为题，写一篇文章；参考给定材料，以“以水为师”为题，联系实际，写一篇文章；等等。

材料 1：2021 年国家公务员考试申论试题（地市级）

Y 县的风林村有 13 个村民小组，曾是一个有名的贫困村。全村总体地貌为高山峡谷，森林覆盖率高，动植物资源丰富。

过去，靠山吃山、砍树卖钱，是当地人视为天经地义的生活逻辑。由于地处山区，这里旱地多、坡地多，气候寒凉，适宜种植的经济作物种类较少，农民收入较低。“以前大家没钱了就上山去砍树卖，钱用完了又去砍，你砍、我砍、大家砍，对森林的破坏很大。”风林村村民赵春桥说。这样的生产生活方式，让风林村的生态环境遭遇了前所未有的挑战。“小时候河水大到能推动水磨，后来山泉水少了，村里吃水都困难！”风林村党支部书记周云光说。山上的树越砍越少，河里的鱼渐渐消失，不仅当地的生物多样性遭到破坏，村民的生存发展也渐成问题。“可是，吃饭需要钱，盖房子需要钱，娃娃读书需要钱，不砍树，大家的生计怎么办呢？”赵春桥说。

怎么把村民力量发动起来，既让大家吃饱穿暖，又能保护好生态？为了解决生态保护和村民生存的矛盾，2016 年，当地党委和政府在风林村引入“村寨银行”项目作为新的探索：村民以小组为单位，每家自愿拿出 1000 元入股，和其他社会扶持资金合起来，每年发放给小组内 1/3 的村民用于生产生活，借贷的村民 1 年后连本带息还款，下一批村民继续借贷，以此方式滚动实施。村民可以自由支配这笔钱，发展种养殖业、供孩子上学、盖房、看病等，但要签订环保协议，承诺不再砍树，不再从事破坏生态环境的生产活动，违背协议者将罚没入股资金。

一开始，村民并不认可和接受。村民听说要建“村寨银行”时，以为是扶贫项目来了，都反响热烈，但后来听说项目还需要自己出资，便开始犹豫起来。“以前我们都是各过各的，谁也不管谁，现在要集资建银行，我们哪里懂哦！”“大家的钱怎么管？往哪个方向奔？要争取哪些利益？这些事情我们可几十年都没想过。靠我们自己，能行吗？”在一个个夜晚，村民围着火塘挤在一起，七嘴八舌地讨论着。

村民不断提出疑问、发表意见，并最终讨论出一个人人都能接受的管理制度，比如：谁砍树了，除入股本金被扣除外，全村人都不参加他家的红白喜事；谁家不还贷款，他家的林权证、政府发放的农资补贴等，就要被扣留……

村民自己立规矩，效果出乎意料地好。村里因地制宜制定村规民约，村民之间也更和睦了。大家一起商量垃圾怎么回收、怎么处理，“一事一议”落到了实处。几年下来，风林村环境好了，村民的心也拢在了一起，周云光干了近 20 年村干部，他说现在风林村“制度最管用，自治最省心”。

全村 13 个村民小组，都划定了自然保护地，并在村民讨论的基础上，制定了管理条例，明确了自然保护地的范围、保护措施、奖惩措施，全体村民都有权利监督落实条例的执行情况。

借贷来的资金，村民们有的用于养猪、养羊等养殖业，有的用于中药材种植，也有的用于看病就医、子女就学等方面。“村寨银行”既满足了村民在生产生活中的各种资金需求，又激发了村民保护生态的内生动力，让保护自然环境成为一种自觉。

新房组李国坤家，家门口已搭起了五六个蜂箱，地里种上了野生菌。“全组都参加了这个项目，10 户获得了首批贷款，有的种上了药材，有的买了猪羊。”李国坤介绍，全村已经没人上山砍树了。“现在，护林员不用满山跑，轻轻松松坐在家里或者干干农活儿，就能把山看管得好好的。因为，全村人的眼睛都在盯着呢！”李国坤笑着说。

不能砍树，那就种树。几年下来，风林村转变了发展方式，种植了核桃、梅子等果树，开辟了中药材生产基地，共达 3400 多亩。村民在山上养蜂，田里种豆，通过专业合作社把农产品销往全国，大家的腰包也越来越鼓。

随着生态越来越好，山上的金丝猴、小熊猫等珍稀动物又多了起来。越来越多的游客慕名来到风林村，村民们建客栈、开餐馆、跑运输、做向导，过好日子的劲头越来越足。

“物无妄然，必有其理。风林村因地制宜，遵循自然规律，从坐吃山空到山绿人富，走上了一条绿色发展之路。”有环境治理专家评论道，“‘村寨银行’与生态环保联动，通过对人们观念和行为方式的改变，进而影响自然的改变，最终实现人与自然关系的平衡和发展。”

◎问题

“给定材料 1”中说“物无妄然，必有其理”，这句话对提升治理效能有深刻的启示。请你参考给定材料，联系实际，以“‘治’慧”为题，写一篇文章。

要求：观点明确，见解深刻；参考“给定材料”，但不拘泥于“给定材料”；思路清晰，语言流畅；1000—1200 字。

◎答题思路

材料1：指出了“风林村因地制宜，遵循自然规律……‘村寨银行’与生态环保联动，通过对人们观念和行为方式的改变……”引出文章分论点1：“治”慧之道，在于因地制宜，引导群众自治。

材料2（省略）：指出了通过对民间艺术团体的传帮带，改送戏下乡为“种戏”下乡。这些举措，不仅让民间艺术生根发芽，还让乡村更有文化。引出文章分论点2：“治”慧之道，在于和风细雨，传承民间艺术。

材料3（省略）：清河应该是有历史积淀的。人们走到这儿，就会被勾起旧时的记忆。一家家艺术气息浓厚的非遗文创工作室、传统家居生活馆、手工艺术馆……也让清河社区有了浓浓的文化气息。引出文章分论点3：“治”慧之道，在于记住乡愁，彰显人文情怀。

材料4（省略）：清河社区试着引入“城市眼”管理模式。该模式通过接入高清探头，对重点区域进行全天候监控。“城市眼”后台将违规行为信息发送至相关社工手机上，社工第一时间发到微信群，并让商家整改。服务老人，不仅要满足他们的需求，更要引领他们的生活方式，让老人消除与时代的隔阂感，找到归属感、共鸣点。引出文章分论点4：“治”慧之道，在于善用科技，体现科技温度。

◎答题范例

“治”慧

“法安天下，德润人心”，具有约5000年悠久历史文脉的中国，从来不缺少善治的智慧。物无妄然，必有其理，豁达地道出天人合一自然观下的人与自然和谐共生；水能载舟，亦能覆舟，辩证地指出为政之道要重视人心向背的为政理念。而在科技时代的当下，在智慧时代的前沿，以“治”慧之道聚力推进基层社会依法治理效能，更具有加速推进中华民族伟大复兴的战略意义。

1.“治”慧之道，在于因地制宜，引导群众自治。对林木资源竭泽而渔式的掠夺，不仅极大地破坏了生态平衡，还破坏了人与自然的和谐统一，更因为发展的不可持续使得村民的生存每况愈下，必须加快发展新质生产力推动高质量发展。而传统的监管方式，收效甚微，成本高。必须引导村民因地制宜制定村规民约，让大家在讨论中实现村民自治，从而有效遏制乱砍滥伐，保护自然环境，发展生态经济，实现可持续发展；还因为全村的积极参与，一事一议落到实处，村里更和谐，民风更和睦，民心更凝聚。

2.“治”慧之道，在于和风细雨，传承民间艺术。对于发展而言，物质与精神同样重要，民间艺术的文化传承，在提供精神给养的同时，坚定了文化自信，也增强了我们的文化软实力。依托民间生活礼仪，培育民间艺术的乡村发展沃土；通过现代化手段进行创新，满足多层次观众的文艺需求；通过对民间艺术团体的“传帮带”，改送戏下乡为“种戏”下乡。这些举措，不仅让民间艺术落地生根发芽，还让乡村更有文化底蕴。

3.“治”慧之道，在于记住乡愁，彰显人文情怀。曾经粗放的发展模式，不仅严重破坏了生态环境，导致环境日渐恶化，还影响了人们的美好回忆。通过关停污染产能，多管齐下治理水域，改善人居环境，古老的历史街区又重新焕发出往日青春的活力。有温度的茶座，有符号的面馆，有文化气息的工作室、生活馆、艺术馆……一座座特色建筑彰显出历史的底蕴，勾起了人们昔日的回忆。

4.“治”慧之道，在于善用科技，体现科技温度。有温度的科技，持续提供了城市管理新的智慧方案。重点区域的全天候监控，可以对城市的违规行为和不文明现象实施动态干预，微信群的灵活应用，在提升工作效率的同时，也增加了监管各方的良性互动。有温度的科技，也注重弥合技术带来的数字鸿沟。及时关注老年人的精神需求，保留弱势群体的绿色窗口，寻找边缘群体与时代的归属感和共鸣点，让科技便利惠及社会的每一个角落。

大音希声，大象无形，“治”慧之道，润物无声。以中国式现代化推进国家治理体系和治理能力的现代化，不仅需要理论体系的建构，也需要治理智慧的实践。“治”慧之道，让绿色的山村，重新迎回自然的馈赠；让蜿蜒的河水，滋长出绵长的生命力；让秀美的乡村，浸润了文化的气息；让灵气的城市，彰显出时代的温度。

第四节　自拟题目类型写作

自拟题目类型是当前申论常考的一种申论作文类型，包括：以 × 为主题（话题），自拟题目；结合对 × 这句话的理解，自拟题目，写一篇议论文；围绕给定材料的主旨，联系实际，自选角度，自拟题目，写一篇议论文；等等。如以“给定材料 6”中提及的“当简勿繁，当繁勿简”为话题，结合“给定材料”，联系实际，自拟题目，写一篇文章；“给定材料 1”中说“夜色难免黑凉，前行必有曙光”，“给定材料 2”中说“我们的改革之所以成功，离不开务实的精神和理性的思考”，请深入理解这两句话的含义，参考“给定材料”，联系实际，自拟题目，写一篇文章。

一、主题（话题）类型

材料 1：2020 年山东公务员考试申论试题（A 类）

2019 年 3 月，某市党政代表团赴先进地区学习考察。这些地区的发展给代表团成员带来强烈的视觉冲击和思想触动。在考察返程的路上，代表团成员纷纷畅谈学习感悟，剖析问题，共话改革举措。

成员 A：考察让我感受到了差距、开启了思路、找到了解决部分问题的“钥匙”。谈差距，我们主要差在解放思想的程度上，缺少敢想敢闯的胆气；差在激发活力的强度上，缺少创新创造的朝气；差在改革攻坚的深度上，缺少突围突破的锐气。看看先进省市，任何一个都不比我们差，但他们始终不满足、不懈怠，根据形势变化不断更新观念，始终朝着高质量发展方向加速前进。我们的个别同志平时学习主动性不强，对经济发展、新旧动能转换等重点工作研究得不深不透，特别是对一些新经济、新模式、新产业、新业态一知半解。先进省市的干部不仅对自己当地的情况如数家珍，对国内、国际情况也都了然于胸，交谈起来滔滔不绝、信手拈来。

成员 B：这次调研使我感受到了良好、便利的营商环境为企业发展赋予的效能。我结识多年的一位朋友，在美国从事生物医药研究多年，回到了我们刚刚考察学习的沿海某市，创办了一家新兴生物医药企业。当初在创建、发展过程中，该企业利用该市新开发的“开办企业一窗通（市场监管、税务、公安、银行联动）”系统，企业开办环节削减至商事登记、刻章、申领发票 3 个环节，企业开办时间压缩至 4 个工作日内。他的企业提交申请公司注册的相关信息后，数据一并发送到公安、税务、银行；企业设立成功后，同步完成办照、办税、刻章等基本手续；还提早预约银行开户服务，大大减少了企业开立银行账户的时间。另外，该市还出台了高新技术企业的专门扶持政策，给予该企业在用能、用地、用网、物流、融资等方面的优惠。在各方条件的促进之下，他的企业目前已成功上市。

成员 C：学习考察中，某市的数字政府建设引起了我的关注，该市在原来数字政府 1.0 的基础上利用大数据计划发展到数字政府 2.0。数字政府 1.0 只是把线下的政府办事窗口搬到网站和手机上，是互联网和政务在物理层面的连接，而以数据化运营为核心的数字政府 2.0 则是让“数据多跑路，群众少跑腿”，也就是说，从前办一件事要跑 5 个政府部门窗口，数字政府 1.0 后不用跑了，把 5 个窗口搬到了一个网络入口上；而数字政府 2.0

只需要“点”一个窗口就全办好了。比如，我们在学习中了解到一位女士打算去一趟香港，为自己即将到来的婚礼置办要用的东西，可平时工作太忙，没时间去出入境大厅办理港澳通行证再签注。同事向她推荐使用手机政务服务应用“港澳再签注”功能，足不出户就能办。今后，该市将通过系统打通和数据协同，强化数据应用，以数据共享推进更多政务服务“网上办”“掌上办”，一旦数据能够完全互联互通，则政府目前提供的99%的公共服务都可以在线上办理，不仅“最多跑一次”将变为“一生跑一次”，甚至有些服务还会变成“一生一次不用跑”。

成员D：面对在行政审批、社会治理、市场机制、公务运转等方面的“中梗阻”问题，我们能否真刀真枪加以解决？流程再造过程中，每砍一道程序、取消一项审批，都是对部门利益的调整。个别地方和部门，心里始终装着自己的“小九九”，抱着部门权力不放，结果就是工作运转效率低下，企业、群众始终敲不破“玻璃门”“旋转门”。我们考察学习的某市率先在其化学工业区设立了应急响应中心，整合公安、消防、医疗、防汛、环保等部门职责，统筹制定了应急处理预案，“一体化”指挥处置突发事件。以前还有人反映，申请一个大的项目，要从科级到副处、正处，再到副局长、局长，层层审批，时间都消耗在由下而上的漫长协调中了。在我看来，我们应该眼睛一直向前看，认真学习这些先进地区制度创新的思路办法，看看哪些可以直接复制运用，哪些需要结合实际继续探索创新，为企业和群众提供优质服务。

◎问题

请根据“给定材料1”，以“流程、服务、效能”为主题，自选角度，自拟题目，写一篇文章。

要求：观点明确，立意深刻；思路清晰，语言流畅；参考给定材料，但不拘泥于给定材料；1000字左右。

◎答题思路

1. 分析题干，找出关键要素。题干中“给定材料 1”指定了材料范围；主题是流程、服务、效能；要求自拟题目。

2. 围绕主题，列出文章论点。从以“流程 · 服务 · 效能”为主题来看，可以直接得出三个分论点，采取“措施 + 成效”的结构，即简化流程，激发企业活力；创新服务，增进民生福祉；提升效能，改善政府形象。

3. 穿衣戴帽，抓好开头结尾。抓好“凤头”和“豹尾”至关重要，可以起到画龙点睛的作用。经典金句的使用必不可少，能使文章大放异彩。

◎答题范例

深化“放管服”改革　推动高质量发展

优化服务无止境，改进服务无终点。近年来，我国各地积极推动“放管服”改革，不仅优化了营商环境，而且增强了群众、企业的获得感。然而大厅窗口仍然存在一些办事流程烦琐、服务水平低下、效能有待提升等问题。要想推动高质量发展，应深化“放管服”改革，加快形成新质生产力，改进流程、服务、效能。

1. 简化流程，激发企业活力。良好的营商环境为企业发展赋予效能。然而目前，部分地区在简政放权过程中，存在明放暗不放等问题，企业依然会因审批流程烦琐、审批时间过长而错失发展良机。要想改变这种状况，必须着力改革审批制度。近年来，B 市通过审批“瘦身”、权力下放等，实现“一枚印章管审批”，成为省内的产业大区和创新强区，市场主体增速居全省第一。这充分说明，企业坚持自我革命，做好审批流程的“减法”，可以换来发展活力的“乘法”。

2. 创新服务，增进民生福祉。“知屋漏者在宇下，知政失者在草野”，政务服务的好坏，群众最有发言权。过去，政府提供政务服务时，采取的都是“政府端菜”模式，部分服务与群众需求严重脱节，导致资源浪费；现在，部分地区开始探索“百姓点菜”模式，有针对性地改进服务，做到“好钢用在刀刃上”。例如，Z市设立“找茬窗口”，聘请“啄木鸟专员”，听取群众意见并及时改进服务，使得群众办事更省心。

3. 提升效能，改善政府形象。当前，我国正在努力推进国家治理体系和治理能力现代化，而提升行政效能正是其重要方面。当前，个别政府部门仍然存在“门难进、脸难看、话难听、事难办”现象，致使当地政府公信力降低。相反，一些先进地区，借助互联网技术，积极打造“数字政府”，推进政务服务“网上办”“掌上办”，做到“数据多跑路，群众少跑腿”，赢得企业、群众交口称赞。

“政之所兴在顺民心，政之所废在逆民心。”新时代，面对日新月异的科技发展，人们对政府审批流程、服务、效能等提出了更高的要求。只有始终坚持以人民为中心的发展思想，深化“放管服”改革，不断简化流程、创新服务，进而提升行政效能，才能营造良好的发展环境，获得群众、企业的认可。

二、对某句话的理解类型

材料2：2022年第9期《时事报告》

就业是最大的民生。今年以来，A省大力实施就业优先政策，不断强化各项政策举措，就业形势保持总体稳定。

“前段时间参加2022年‘两诚招才’系列招聘活动，投报了J汽车集团等企业的市场营销类岗位，还参加了多家企业的面试。”A大学大四学生告诉记者。A省坚持把促进高校毕业生、农民工等重点群体就业作为就业工作的重中之重，同时大力推进劳务品牌建设，畅通外出务工和就地就近就业渠道，促使农民向二、三产业转移就业，鼓励农民工就近就地就业创业；健全劳务协作机制，加强驻外省农民工服务站点建设，对有集中外出务工需求的农民工开展有组织劳务输出。

市场主体是经济活动的主要参与者、就业机会的主要提供者，保住市场主体就是最大的保就业。为了缓解部分优质中小微企业融资难、融资贵等问题，H 市人社局与中国银行 H 分行“稳岗贷”战略合作顺利签约，同时发放首批贷款。据了解，经 H 市人社局认定为稳就业的优质小微企业客户均可享受“稳岗贷”，根据企业自身经营以及担保方式合理核定，单个企业额度最高可至 1000 万元。在 B 市杜集区，稳岗补贴为企业送来“及时雨”。截至 4 月 27 日，杜集区已为 77 家企业申请并核定稳岗补贴 105.6 万元。

今年以来，A 省连续出台稳市场主体保就业相关政策，如做好失业保险稳岗位提技能防失业工作、特困行业阶段性实施缓缴企业社会保险费政策、进一步支持市场主体纾困发展若干政策和举措等，减轻企业负担，助力企业稳岗扩岗。中小微企业是吸纳就业的重要载体。4 月，A 省人力资源和社会保障厅会同省财政厅、省税务局围绕减负担、稳岗位、提技能、扩就业、保基本 5 个方面推出 10 条支持举措。

为了搭建好劳动力供需双方精准对接的桥梁，A 省选择公共就业服务基础较好、条件相对成熟的 220 个社区开展“三公里”就业圈试点工作，逐步扩大试点范围。创新公共就业服务模式，以社区三公里范围内的劳动者、小微企业为重点服务对象，线上运用“互联网 +”“云计算”等信息化技术，线下向社会力量购买公共就业服务，线上线下服务联动，促进供需精准对接。

省、市、县公共就业人才服务机构三级联动组织开展“周三就业招聘”“周六人才对接”两大主题招聘活动。前者重点面向大学生、产业人才、技能劳动者等各类求职者，组织开展“就业援助月”“春风行动”等精细化的公共就业服务。后者围绕“十四五”规划、服务北部发展、革命老区等重点，因时因地制宜，组织开展特色招聘活动。

◎问题

根据“给定材料 2”，结合对“民生系着民心，是党执政之本、人民幸福之基、社会和谐之源”这句话的理解，联系实际，自选角度，自拟题目，写一篇议论文。

要求：主旨明确，结构完整，思路清晰；内容充实，论述深刻，语言流畅；参考“给定材料”，不拘泥于“给定材料”；1000—1200 字。

◎答题思路

1. 立足题干内容，找出核心要素。
2. 结合理解句意，找出文章论点。
3. 合理确定架构，美化“凤头”“豹尾”。

◎答题范例

一切为民者则民向往之

悠悠万事，民生为重。民生系着民心，是党执政之本、人民幸福之基、社会和谐之源。习近平总书记在党的二十大报告中指出，“采取更多惠民生、暖民心举措，着力解决好人民群众急难愁盼问题”。我们要实现好、维护好、发展好最广大人民的根本利益，以民生为施政之向，进而实现人民幸福、社会和谐。

1. 民生系着民心，是党执政之本。利民之事，丝发必兴；厉民之事，毫末必去。民生就是人民的日常生活事项，是衣食住行、生老病死、安居乐业的琐碎小事，也是治国理政的大事。人民是我们党的力量源泉，党的根基在人民、血脉在人民，力量在人民。保障和解决好人民最关心、最直接的教育、医疗、住房、餐饮、养老等利益问题，就是把握住了党和国家发展的根基和命脉。党的主题教育活动，让老百姓真切感受到党的初心使命，体现了我们党全心全意为人民服务的根本宗旨。“些小吾曹州县吏，一枝一叶总关情”，民之所盼，就是施政所向。我们党只有把民生、民心作为一切工作的出发点和落脚点，作为施政方向，才能实现国家长治久安，迎来太平盛世。

2. 民生系着民心，是人民幸福之基。千头万绪的事，说到底是千家万户的事。民生工作离老百姓最近，与老百姓生产生活息息相关。人民的幸福指数离不开儿童成长、青年就业、老人健康这些群众念叨的问题。要让人民幸福，就需要实现幼有所育、学有所教、劳有所得、病有所医、老有所养、住有所居、弱有所扶。家长能否让孩子就近上学，年轻人能否顺利就业，患者能否就地就医……一件件事放在国家的时空中是小事，对于个体却是每个家庭的大事。“小事情”里藏着“大民生”，用心、用情、用力妥善解决好老百姓的急难愁盼问题，才能让人民群众有获得感幸福感安全感。

3. 民生系着民心，是社会和谐之源。“民惟邦本，本固邦宁。”民生是社会和谐稳定的重要基础。我们所要构建的和谐社会，应该是民主法治、公平正义、诚信友爱、充满活力、安定有序、人与自然和谐相处的社会。满足老百姓实际生产生活需求是构建和谐社会的必要前提。习近平总书记在党的十九大报告中明确指出：“我国社会主要矛盾已经转化为人民日益增长的美好生活需要和不平衡不充分的发展之间的矛盾。”解决发展不平衡、不充分的问题，既要坚持把蛋糕做大，也要维护合法权益，把蛋糕分好。如国家出台《中华人民共和国残疾人保障法》以保障特殊群体的合法权益，让这部分群体感受到社会的温度，彰显了和谐社会之美，以推动发展成果实现全民共享。

“民之所忧，我必念之；民之所盼，我必行之。”我们党以增进民生福祉为使命，始终把人民的需求摆在至高无上的位置，只有这样，我们才能谋民生之利、解民生之忧，在发展中不断补齐民生短板，促进社会公平正义。如此，定能实现人民对美好生活的向往。

三、结合“思考 + 主题”类型

材料 3：2023 年第 11 期《时事报告》

博大精深的中华文明是中华民族独特的精神标识，是当代中国文艺的根基，也是文艺创新的宝藏。中华文化历来推崇“收百世之阙文，采千载之遗韵”，要挖掘中华优秀传统文化的思想观念、人文精神、道德规范，把艺术创造力和中华文化价值融合起来，把中华美学精神和当代审美追求结合起来，激活中华文化生命力。故步自封、陈陈相因谈不上传承，割断血脉、凭空虚造不能算创新。要把握传承和创新的关系，学古不泥古、破法不悖法，让中华优秀传统文化成为文艺创新的重要源泉。

11 月 25 日，在 Y 县王洛宾艺术广场，H 省民族歌舞团“宣讲 + 文艺”党的二十大精神文艺宣讲巡回演出正在火热进行。台上演员真情演绎，节目精彩不断；台下观众报以热烈掌声和阵阵喝彩。团长群毛吉说：“作为基层文艺院团，我们不光要加大自身学习宣传贯彻党的二十大精神的力度、创排更多优秀文艺作品，还要创新开展形式多样的宣讲活动，让群众通过快板、小品、民族歌舞等喜闻乐见的文艺节目产生思想共鸣，将党的二十大精神及时准确地传达到基层，把党的声音传递到群众心中。”

该团文艺宣讲巡回演出自 11 月 22 日启动以来，受到基层群众的广泛好评，大家纷纷表示：“‘宣讲 + 文艺’的演出方式通俗易懂，使我们对党的二十大精神有了更深层面的了解。”群毛吉介绍：“团里将继续利用‘线上 + 线下’相结合的形式，把文艺宣讲巡回演出送到州内各单位、村镇、社区，让党的二十大精神家喻户晓、深入人心。”

党的二十大报告指出，坚持以人民为中心的创作导向，推出更多增强人民精神力量的优秀作品，培育造就大批德艺双馨的文学艺术家和规模宏大的文化文艺人才队伍。党的二十大召开后，全国各级文艺院团或参加宣讲活动；或组织集体学习；或创排精品剧目；或开展基层惠民演出，将学习宣传贯彻党的二十大精神与实际工作相结合，主动作为，开展了一系列生动实践。广大文艺工作者表示，要听党话、跟党走，担起举旗帜、聚民心、育新人、兴文化、展形象的使命任务，用文艺精品浸润心灵，为实现中华民族伟大复兴凝聚精神力量。

作为具有社会主义文艺使命担当和责任感的国有文艺院团，G省话剧院全面深入开展对党的二十大精神和习近平总书记关于文艺工作重要论述的学习，始终坚持以人民为中心的创作导向，以满足人民文化需求和增强人民精神力量为着力点，以实施“剧院精品创作演出”为抓手，努力推进剧院事业发展壮大，为全面推进文化强省建设、推动文化高质量发展贡献力量。

“今后，剧院将精心组织话剧《深海》等一批精品剧目巡演，推进剧院小剧场常态化运营，以演带练，服务人民，形成‘出精品、出人才’的常态化机制。我们将坚持守正创新，聚焦时代命题，共同孵化更多彰显中国精神、时代气象、岭南风韵的扛鼎之作，生动讲好中国故事。”G省话剧院有限公司党总支书记、院长鞠月斌说。

文化自信自强是实现中华民族伟大复兴的强大精神力量。S市柳琴戏传承保护中心立足国有文艺院团主责主业，坚持弘扬主旋律、传递正能量，以大力弘扬沂蒙精神为主线，推出现代柳琴戏《沂蒙情》《崔家沟》《福大妮和山杠子》及跨界融合舞台剧《沂蒙红崖》《沂蒙组歌》、儿童剧《沂蒙妈妈》等一大批原创作品。

中心主任徐树波说：“柳琴戏是国家级非遗项目，我们首先要抓好柳琴戏的创造性转化、创新性发展，复排《父子结拜》等传统剧目，开展省内外巡演、下乡演出和进校园普及，以新的传播手段传递经典魅力；其次要抓好新剧目创作；最后要抓好文化惠民演出，问群众所需，创演大家喜闻乐见的剧（节）目，努力提升群众文化获得感、满意度。”

J市丝弦剧团是河北地方戏曲的典型代表。团长刘如夺介绍，多年来，剧团坚持以人民为中心的创作导向，先后创作了《花烛恨》《瘸腿书记上山》《大山恋情》等具有社会影响力的作品。党的二十大开启了文化工作者大展宏图、展示才华的新征程，剧团将更加清醒地认识自己的使命担当，不断推动地方戏曲院团创新发展，努力传承中华优秀传统文化。剧团将动员剧目创作人员深入基层，捕捉最生动的瞬间，创作更多有血有肉、有真情实感的精品力作。同时发挥丝弦地方剧种的特点和优势，结合本地历史，弘扬民族文化，唱响主旋律。

◎问题

“给定材料3”中提到，“要把握传承和创新的关系，学古不泥古、破法不悖法，让中华优秀传统文化成为文艺创新的重要源泉”。请结合你对这句话的思考，以“新时代文化的传承与创新”为主题，联系实际，自拟题目，写一篇文章。

要求：自选角度，立意明确；参考“给定材料”，但不拘泥于“给定材料”；思路清晰，语言流畅；1000—1200字。

◎答题思路

“学古不泥古、破法不悖法”，这句话的意思是学习古人的知识、经验时，不要被其束缚，要结合现实进行突破和创新，要在不违背规律、法则的前提下进行科学合理的变化和发展。这句话强调了传承与创新的辩证关系。这句话启示我们，要善于学习传统文化和先进经验，同时也要结合实际实现创新发展。

◎答题范例

更好担负起新时代的文化使命

“学古不泥古、破法不悖法”。传承与创新相辅相成，是文化建设的永恒课题。习近平总书记指出弘扬中华优秀传统文化，要处理好继承和创造性发展的关系，重点做好创造性转化和创新性发展。我们要坚定文化自信，牢牢把握“两个结合”的深刻内涵和价值意蕴。把握好传承与创新的辩证关系，深入挖掘中华优秀传统文化，引领传统文化创造性转化、创新性发展，以时代精神激活中华优秀传统文化的生命力，努力创造属于我们这个时代的新文化。

中华优秀传统文化是推动文化创新的源头活水。问渠那得清如许？为有源头活水来。中华优秀传统文化源远流长、博大精深，蕴含着丰富的朴素智慧、人文精神、道德规范，中华优秀传统文化是中华民族最深沉的精神沉淀，为中华民族的当代价值追求奠定了深厚的基础，具有永恒魅力和时代价值，是我们最深厚的文化软实力，也是中国特色社会主义植根的文化沃土。美丽富饶的中华大地孕育滋养了丰富而深沉的优秀文化，我们只有深刻理解中华优秀传统文化的当代价值意蕴，才能极大展现中国精神、中国价值、中国力量的恢宏气象，不断铸就中华文化新辉煌。

创新发展中华优秀传统文化是赓续中华文脉的“必由之路”。岁月峥嵘，山河为证；文脉悠远，与古为新。要更好担负起新的文化使命，就要坚持守正创新。生生不息的历史文脉，如何赓续？进入新时代，只有把艺术创造力和中华文化价值深度有机融合，把中华美学精神和当代审美追求有机结合，才能激活中华文化生命力。中央广电总台以“思想＋艺术＋技术”的融合创新，策划了《寻古中国》《文脉春秋》，打造了《典籍里的中国》《中国考古大会》等一系列精品文化节目，让更多文物和文化遗产“活”

了起来。5G、VR、AR、元宇宙等新技术在文化领域的应用，助力传统文化“出圈”。今天，中华优秀传统文化的创造性转化、创新性发展赋予了传统文化新的生命力，激发了我国传统文化的无限可能。

不忘本来才能开辟未来，善于继承才能更好创新。“对历史最好的继承就是创造新的历史，对人类文明最大的礼敬就是创造人类文明新形态。”传承中华优秀传统文化是推动新时代文化建设的重要一环。新时代传承弘扬中华优秀传统文化，我们不仅要正视传统文化，更要用辩证发展的眼光，坚持“古为今用、洋为中用，辩证取舍、推陈出新”，高质量推动中华优秀传统文化形成新质生产力。

文运同国运相牵，文脉同国脉相连。生活可爱，文明可掬，未来可期。在新的历史起点上，我们要更好担负起新时代的文化使命，深入学习领会习近平文化思想，坚定文化自信、建设文化强国，把继承中华优秀传统文化又弘扬时代精神、立足本国又面向世界的当代中国文化创新成果传播出去，更好担负起新时代的文化使命，让中华文明古与今的智慧继续在历史的长河中流淌和相遇，永续传承，生生不息。

第五节　优秀申论作文所具备的维度

一篇优秀的申论作文，怎样才能在众多的文章中脱颖而出呢？要具备以下几个维度：

1. 高度。文章的立意和主题方面，具有一定的政治站位，能够从宏观和长远的角度审视问题，透过现象看本质，提出具有根本性、全局性和前瞻性的观点。

2. 深度。深入挖掘问题的本质，而不仅仅是停留在表面现象的阐述；多角度、多层面思考问题，见解深刻，揭示问题的复杂性和多样性；能够科学运用马克思主义理论分析问题、解决问题。

3. 广度。多领域，包括经济、政治、文化、社会、生态文明等方面的内容；涉及社会热点、政策、法律法规、历史文化等方面。

4. 力度。论证有说服力，能够通过充分的论据和严密的逻辑推理，使读者信服；语言表达准确、描述生动有力，能够打动读者，引起读者共鸣。

经典素材积累

经典素材用得好，写作肯定没烦恼。
分为专题去记忆，知识汇聚成体系。
日积月累勤开阔，写作绝对有把握。
最是书香能致远，收集素材开新篇。

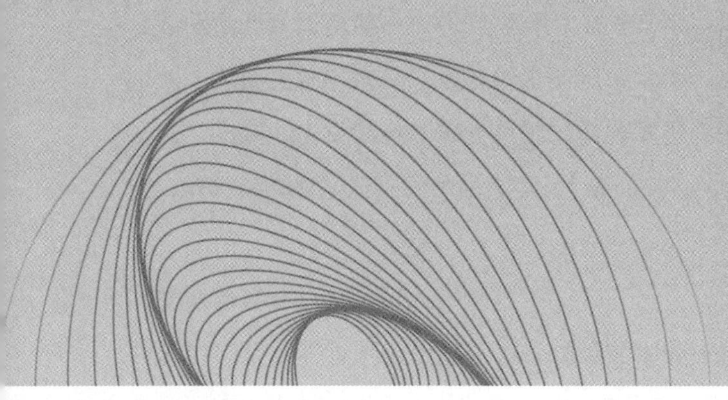

第一节 精彩语句

一、适用主题：经济发展

1. 一叶好茶，绿了千千岭，富了万万家。

（摘自《茶香飘千里 绿叶富万家》）

2. 小小快递，连接千城百业、畅通供需两端，在服务经济社会发展和便利群众生活方面日益发挥着重要作用。

（摘自《从“千亿快件”中感受经济韧性》）

3. 保持经济运行在合理区间，需要保持宏观政策连续性、稳定性、可持续性；保持经济运行在合理区间，必须做好宏观政策跨周期调节；保持经济运行在合理区间，还要增强宏观政策自主性。

（摘自《保持经济运行在合理区间》）

4. 推陈致新，升级传统产业；与日俱新，壮大新兴产业；聚焦前沿，布局未来产业……我国因地制宜发展新质生产力，不断塑造发展新动能新优势。持续推动产业优化升级，中国制造硕果累累。向“微笑曲线”两端攀登，向“数实融合”深度进军，向“绿色低碳”持续发力。瞄准“高科技”、追求“高效能”、迈向“高质量”，今天的中国制造，展露新模样，打开新空间，激荡新活力。

（摘自《制造大国加快迈向制造强国》）

5. 伶仃洋畔，深中通道如卧波长虹，一举创下多项世界纪录，将深圳和中山拉进“半小时生活圈”；东海之滨，全球第一大港宁波舟山港码头林立、巨轮穿梭，服务贸易往来、跃动发展活力；金沙江畔，四川阿布洛哈村相继通硬化路、通客车，由“悬崖村”蝶变“幸福村”。

（摘自《交通强国建设迈出新步伐》）

6. 传统产业是实体经济的“基本盘”，也可以是创新变革的“主战场”。

（摘自《传统产业“老树发新芽”》）

7. 宏观调控发力显效，进一步夯实抵御短期波动的定力；全面深化改革不断深入，进一步激发社会主义市场经济的活力；创新动能持续释放，进一步增强高质量发展的动力；高水平开放走深走实，进一步提升中国市场的磁力。

（摘自《全面准确看待当前宏观经济形势》）

8. 涉滩之险见证增长之稳，爬坡之艰映照发展之进，闯关之难更显转型之力。

（摘自《中国经济，满怀信心向未来》）

9. 做强做大西部地区特色优势产业正逢其时，要放大“特”的优势，做足“新”的文章，绘就“绿”的画卷，形成“优”的格局。

（摘自《做强做大西部特色优势产业》）

10. 产业兴旺，是解决农村一切问题的前提。产业兴带动百业旺，从南到北，乡村特色产业发展步履铿锵。生产向绿，品种向优，品质向好。崭新蓝图，激发昂扬干劲；希望田野，涌动蓬勃生机。

（摘自《发展乡村特色产业》）

11. 一个个山乡巨变，一幅幅锦绣画卷，生动诠释了中国共产党人“千方百计让老百姓过上好日子”的不变追求。

（摘自《“让脱贫群众生活更上一层楼”》）

12. 广袤大地上，总会有小小一隅，或山水明秀，或瓜果飘香，或物产丰富，或文脉绵长。

（摘自《“小城特产”，成长有空间》）

13. 萌芽、展叶、开花、结果，作物中蕴藏生命的律动；春耕夏耘、秋收冬藏，雨水滋润、阳光普照，劳动中对应时间的节奏。

（摘自《农业生产成为更美的“大地景观”》）

14. 跋山涉水不改一往无前，山高路远但见风光无限。

（摘自《立足关键时期，用好重要法宝》）

15. 一头是科技成果“藏在深闺人未识”，另一头是关键技术突破“求而不得”，这是科技成果转化的难题。加强探索、积累经验，才能让新赛道瞄准创新最前沿、挺进技术“无人区”、打造崛起新高地。

（摘自《促科技成果奔向应用场》）

16. 只有从实际出发，按规律办事，不着急忙慌，也不懈怠拖延，才能稳中求进，行稳致远。

（摘自《既急不得，也慢不得》）

17. 尽小者大，慎微者著。“尽精微”是“致广大”的基础。“得其大者可以兼其小”，小村庄里蕴藏着发展的大逻辑。只有坚持在大局下思考、在大局下行动，多打大算盘、算大账，才能洞悉规律、辨明方向，找准定位、明确路径。

（摘自《致广大与尽精微》）

二、适用主题：政治建设

1. 欲事立，须是心立。广大党员筑牢信仰之基、补足精神之钙、把稳思想之舵。

（摘自《锻造新时代先锋队伍》）

2. 以梦想为岸、以旗帜掌舵、以信仰作帆、以奋斗划桨，在浩荡的新时代东风中，向着下一个光辉的百年启航。

（摘自《遍数风流还看今朝》）

3. 正是无数党员怀揣着“不破楼兰终不还”的信念，凭借着“直挂云帆济沧海”的理想，前赴后继、奋勇拼搏，我们党才能历经挫折而不断奋起、战胜苦难而淬火成钢。

（摘自《做新时代合格共产党员》）

4. 古人云：“乘众人之智，则无不任也；用众人之力，则无不胜也。”人民群众身处实践最前沿，对实践变化感知最敏感、感受最深切，也最有智慧，只要走到人民群众中去，很多百思不得其解的问题就能豁然开朗、找到答案。

（摘自《从人民的创造性实践中汲取理论创新智慧》）

5. 民生改善没有终点，只有连续不断的新起点。为了万家安乐，再难再险也要不惧风雨勇赴之，再苦再累也要一往无前力求之。在共产党人干事创业的字典里，人民是初心所在，是力量之源，是最大底气！新的伟大征程上，心中装着百姓，手中握有真理，脚踏人间正道，我们信心十足、力量十足，我们的未来定会无往不胜。

（摘自《把所有精力都用在让老百姓过好日子上》）

6. “时时放心不下”的责任感，深刻体现着共产党人一以贯之的忧患意识、底线思维；“时时放心不下”的责任感，深刻体现着人民至上的赤子情怀；“时时放心不下”的责任感，深刻体现着不忘来时路、走好前行路的赶考清醒。

（摘自《“要有‘时时放心不下’的责任感”》）

7. 深刻理解“国之大者”，才能找准坐标定位；科学把握“国之大者”，才能打开视野格局；心中常有“国之大者”，就要敢于担当、善于作为。

（摘自《胸怀“国之大者”》）

8. 立下“我的事业在中国，我的成就在中国，我的归宿在中国”铿锵誓言的钱学森，以卓越的功勋获得“国家杰出贡献科学家”荣誉称号；作出“回国不需要理由，不回国才需要理由”坚定回答的彭桓武，为我国第一代原子弹和氢弹的理论研究与设计作出重要贡献；抱定“为了抉择真理，我们应当回去”信念的华罗庚，培养了大批杰出人才，被誉为“人民的数学家”。

（摘自《心系“国家事” 肩扛“国家责”》）

9. 历史之于国家民族，犹如记忆之于个人，丢失了历史，也就丢失了认识过去、把握当下、面向未来的依凭。

（摘自《为有源头活水来》）

10. 基层也是最好的课堂。“知屋漏者在宇下，知政失者在草野。”深入基层调研，“甘当小学生”“拜人民为师”，应成为广大党员干部的工作常态。

（摘自《植根人民　造福人民》）

11. 站在新的历史起点上，我们不能有任何喘口气、歇歇脚的念头，必须以“踏平坎坷成大道，斗罢艰险又出发”的壮志豪情，过了一山再登一峰、跨过一沟再越一壑，披荆斩棘，闯关夺隘。

（摘自《时代是出卷人，我们是答卷人，人民是阅卷人》）

12. 永葆为民造福的初心使命，激发“时时放心不下”的责任担当，砥砺“功成不必在我、功成必定有我”的境界品格。

（摘自《小康梦、强国梦、中国梦，老百姓的“幸福梦”》）

13. 要坚持眼睛向下、脚步向下，深入基层一线，到群众意见较多、困难较多、情况复杂、矛盾尖锐的地方去，听实话、察实情，从基层实践中找到影响群众生产生活的痛点、堵点、难点问题，找到破解难题的思路和办法。

（摘自《把工作做到人民群众心坎上》）

14.《尚书》有云：“与人不求备，检身若不及。”中华文化一直有严于律己、克己修身的传统。“吾日三省吾身”“行有不得，反求诸己”“古之君子，其责己也重以周，其待人也轻以约”，说的都是这个道理。古人讲“闻过则喜”，我们要涵养虚心接受批评的胸怀和气度，对待同志们的批评、群众的意见，做到胸襟开阔、诚恳接受，有则改之、无则加勉。

（摘自《永葆共产党人的政治本色》）

15. 人民满意是一条走不完的路，民情日记是一部写不完的书。用脚步丈量民情，用应用回应民需，技术的发展最终回馈到造福群众上，帮助基层在践行新时代党的群众路线上走得更加坚实有力。

（摘自《“浙里兴村治社”：减负增效推动基层善治》）

16. 借鉴“政之所兴在顺民心”的治理思想，全过程人民民主让人民享有最广泛、最真实、最管用的民主。

（摘自《三个维度感悟中华文明现代力量》）

17. 只有坚持底线思维，把形势想得更复杂一点，把挑战看得更严峻一些，做好应对最坏局面的思想准备，我们面对纷繁复杂局面时，才能有“不畏浮云遮望眼”的清醒头脑，有“乱云飞渡仍从容”的战略定力，有“不到长城非好汉”的进取精神。

（摘自《增强忧患意识，做到居安思危》）

18. “遵道而行，但到半途须努力；会心不远，要登绝顶莫辞劳。”越是接近民族复兴的目标，越不能懈怠，越要加倍努力。

（摘自《在新时代新征程上创造出新的更大辉煌》）

19. 办好人民群众牵肠挂肚的民生大事，做好人民群众天天有感的关键小事，让大家的日子过得有盼头、有甜头，这是各级党组织对人民的庄严承诺。

（摘自《办好民生实事　让人民群众多得实惠》）

20. “善弈者谋势，善治者谋全局。”党员干部要当好中国式现代化建设的坚定行动派、实干家，推动改革不断取得新成效，就要具备宽广的改革视域、格局胸怀和长远的历史眼光，胸怀“国之大者”，树立大局观念，坚决防止和克服本位主义。

（摘自《防止本位主义影响改革大局》）

三、适用主题：文化传承

1. 对历史最好的继承，就是创造新的历史；对人类文明最大的礼敬，就是创造人类文明新形态。

（摘自《造就了一个有机统一的新的文化生命体》）

2. 历史犹如一条长长的时空隧道，从过去走来、映照着当下、向未来奔去，是前人知识、经验和智慧的“百科全书”，是一个民族、一个国家独特的文化记忆和精神基石。

（摘自《风鹏正举扶摇直上》）

3. 文明弦歌不辍，文脉绵延不绝。历史发其源，文化铸其魂。源远流长的中华文明，在世界文明百花园里独树一帜，为人类文明进步做出了不可磨灭的贡献。

（摘自《“更要在心里传承好”》）

4. 能看到多远的过去，就能看到多远的未来。穿越历史的烟云，中华文明历经数千年风雨始终生生不息、历久弥新。

（摘自《立足“连续性”，坚持走自己的路》）

5. 如同波澜壮阔的长河，中华文明一路奔涌而来，滋养着生生不息的中华民族，浇灌出中华大地的勃勃生机。

（摘自《坚定文化自信，推动中华文明重焕荣光》）

6. 中华文明的浩荡长河，既有深沉厚重的历史积淀，也有大浪淘沙的实践再造，还有奔腾澎湃的创新汇流。

（摘自《在传统节日中增进文化自信力量》）

7. 语言是我们共有的精神家园，流淌着文化基因，凝结着情感认同，记录着时代风貌。

（摘自《让语言的长河生生不息》）

8. 华夏大地，有江山之雄，有人文之盛。

（摘自《文艺出海 文化扬帆》）

9. 多姿多彩的传统服饰让锦绣中华的文化传承，始于衣冠，达于博远。

（摘自《从丝线经纬中窥见文明之光》）

10. 幸甚至哉，歌以咏志，在中华民族走过的漫漫长路上，文学和艺术始终伴随着我们，诗书继世，弦歌不辍，这是文明的光，是文化的灯火，是让我们相亲相认、共同前行的炽热血脉。

（摘自《歌以咏志 星汉灿烂》）

11. 一件件古老的文物，讲述人们通俗易懂的历史；一段段悠久的历史，成为人们喜欢聆听的故事；一个个精彩的非遗项目，成为人们喜闻乐见的体验，越来越多的历史文化遗产不再是沉睡的记忆，而是被赋予了鲜活的生命。

（摘自《在推动文化传承发展上善作善成》）

12. 凯歌而行，不以山海为远；乘势而上，不以日月为限。

（摘自《拓展了中国特色社会主义道路的文化根基》）

13. 在为中华文明图谱勾勒精彩一笔面前，风餐露宿、青灯黄卷就是常态。

（摘自《当好文化遗产保护者、优秀文化传播者》）

14. 火热的文旅市场，一头连着“诗和远方”，一头连着经济社会发展。

（摘自《创新供给激发消费潜力》）

15. 中华文明的浩荡长河，既有深沉厚重的历史积淀，也应有奔腾澎湃的创新汇流。

（摘自《为传统民俗增添新魅力》）

四、适用主题：社会实践

1. 生活是辽阔的也是细腻的，是静水流深也是波澜壮阔。

（摘自《讲好广袤大地上的中国故事》）

2. 厨师恰当把握火候，才能烹饪出美味佳肴；医生准确把握剂量，才能让药品发挥效用；画家精巧调配色彩，才能绘出美妙作品。

（摘自《"努力做到'刚刚好'"》）

3. 让基层干好有用的事，还要统筹减负和赋能，既为"马车"减重，又让"小马"成长，才能解决"小马拉大车"的基层治理难题。

（摘自《有用事与无用功》）

4. 一本书就是一个世界，一次阅读就是一趟心灵之旅。鱼离水则身枯，心离书则神索。读书是一种生活方式，也是一种精神追求。立身以立学为先，立学以读书为本。

（摘自《爱读书　读好书　善读书》）

5. 只有保持"业精于勤荒于嬉"的清醒认识，砥砺"吾生也有涯，而知也无涯"的学习品格，增强"一物不知，深以为耻，便求知若渴"的求知精神，才能练就"独当一面""胜人一筹"的真本领、硬功夫。

（摘自《努力成为本职工作的行家里手》）

6. 引导广大教师坚定心有大我、至诚报国的理想信念，陶冶言为士则、行为世范的道德情操，涵养启智润心、因材施教的育人智慧，秉持勤学笃行、求是创新的躬耕态度，勤修乐教爱生、甘于奉献的仁爱之心，树立胸怀天下、以文化人的弘道追求，践行教师群体共同价值追求。

（摘自《着力培养担当民族复兴大任的时代新人》）

7. 广大教师以心有大我、至诚报国的理想信念，言为士则、行为世范的道德情操，启智润心、因材施教的育人智慧，勤学笃行、求是创新的躬耕态度，乐教爱生、甘于奉献的仁爱之心，胸怀天下、以文化人的弘道追求，为党育人为国育才。

（摘自《躬耕教坛 强国有我》）

8. 一个人遇到好老师是人生的幸运，一个学校拥有好老师是学校的光荣，一个民族源源不断涌现出一批又一批好老师则是民族的希望。

（摘自《习近平考察北京市八一学校》）

9. “道不可坐论，德不能空谈。”增强道德定力，不能只停留在口头上，还要通过实际行动来强化。

（摘自《把增强道德定力作为终身必修课》）

10. “知之真切笃实处，即是行。行之明觉精察处，即是知。”党员干部要抓好知、情、意、行等各个环节，“知”要解决认知问题，“情”要解决情感问题，“意”要解决意志问题，“行”要解决行为问题，最终实现知行合一，在实践中彰显道德定力的重要作用。

（摘自《把增强道德定力作为终身必修课》）

11. “学所以益才也，砺所以致刃也。”基层工作千头万绪，经常面临不少难题。但往往越是困难大、矛盾多的地方，越能磨炼意志、增长本领。

（摘自《实践是提高本领的途径》）

12. 工欲善其事，必先利其器。推进韧性安全城市建设需要“软硬兼顾”，既要有能够有效应对各类风险的硬设施，又要有能够防范化解各类风险的软系统。

（摘自《全面推进韧性安全城市建设》）

13. 知之愈明，则行之愈笃；行之愈笃，则知之益明。在返乡实践中，期待更多青年学子学得文武艺、不忘桑梓情，在助力家乡建设的过程中，提升能力、锤炼品格，让青春之花绽放在祖国最需要的地方。

（摘自《用心用情 返乡实践》）

14. 调查研究要身深入、心融入。古人言：“故不登高山，不知天之高也；不临深溪，不知地之厚也。”

（摘自《谋事之基 成事之道》）

15. 一语不能践，万卷徒空虚。党的二十大报告提出：“弘扬党的光荣传统和优良作风，促进党员干部特别是领导干部带头深入调查研究，扑下身子干实事、谋实招、求实效。”

（摘自《调查研究是谋事之基、成事之道》）

16. “牢记空谈误国、实干兴邦”，是面对历史的担当，是面向未来的宣示，必将凝聚起团结奋斗、干事创业的强大力量。

（摘自《担当实干抓落实》）

五、适用主题：生态文明

1. 坚决打赢蓝天保卫战，还人民群众蓝天白云、繁星闪烁；深入实施碧水保卫战，还人民群众清水绿岸、鱼翔浅底；全面落实净土保卫战，让人民群众吃得放心、住得安心。植绿护绿、垃圾分类、节水节电、“光盘”行动……每个人都是生态环境的保护者、建设者、受益者，社会各界积极践行简约适度、绿色低碳、文明健康的生活方式。绿水青山越来越美，金山银山越来越大，绿色成为高质量发展的动人底色。

（摘自《让青山常在绿水长流空气常新》）

2. 朗朗晴空、徐徐清风，民生之要、百姓之盼。让一幅幅“青山不墨千秋画，绿水无弦万古琴”的大美图景徐徐铺展，让人民群众进一步享受到蓝天白云、繁星闪烁，清水绿岸、鱼翔浅底，鸟语花香、田园风光。人不负青山，青山定不负人。绿水青山既是自然财富，又是经济财富。

（摘自《建设美丽中国，天更蓝、山更绿、水更清》）

3. 建设生态文明，人人有责，也人人可为。碧水逶迤，青山相向，抬头能望见蓝天白云、飞鸟盘旋，出门能看到绿草茵茵、林木繁盛，这般的鸟语花香田园风光，凝聚着人们对良好生态的共同追求，也离不开每一个人的努力。“山积而高，泽积而长。”为建设美丽中国出一份力，贵在行动，重在坚持。

（摘自《做生态文明建设的实践者推动者》）

4. 俯瞰神州大地，长江黄河浩荡奔涌，江河湖泊碧波荡漾，青山绿水扮靓沃野。还水于河湖，还绿于自然，还景于百姓。

（摘自《绘就人水和谐的斑斓画卷》）

5. 推进城市绿化，不仅要让市民“赏绿”，更要让市民“享绿”。

（摘自《城在碧水青山间 乐享绿色好生态》）

6. 昔日湖光山色、生机盎然的景象重现大江大湖，正是一幅“沙鸥翔集，锦鳞游泳，岸芷汀兰，郁郁青青”的大好风光！

（摘自《洞庭美如画》）

7. 从“万条垂下绿丝绦”的春意盎然，到“晴川历历汉阳树”的壮阔悠远，从《诗经》里“其叶牂牂”的东门之杨，到《项脊轩志》里“亭亭如盖”的枇杷树，树木寄托的是人与人、人与故乡、人与自然的情与意，是中国历史传承至今的朴素生态观和绿色发展理念。

（摘自《守护传承好绿色“国宝”》）

8. 每个人的一小步，汇聚成迈向美丽中国的一大步。一个人的力量有限，但只要乘以 14 亿多人口这个基数，就能迸发出建设美丽中国的磅礴伟力。

（摘自《做生态文明建设的实践者、推动者》）

9. “满街杨柳绿丝烟”“佳节清明桃李笑”“雨足郊原草木柔”，此时，阳光明媚，柳绿桃红，百鸟啼鸣，生机无限。

（摘自《春雨纷纷草木青》）

10. 春雨悠悠，雨声悦耳，远处鹭雁飞掠，鸳鸯戏水，一壶清甜的暖茶入胃，即便不懂诗的人，也会一不留神滑入那些脍炙人口的唐诗意境。

（摘自《细雨如丝锦城春》）

11. 绿色发展理念在厚植，绿色发展效益在显现，绿色发展动能在积蓄，高质量发展之路必定会越走越宽广。

（摘自《转型发展守护大美洞庭》）

12. 应对气候变化任重道远，需要全球广泛参与、共同行动。

（摘自《携手构建人与自然生命共同体》）

13. 只有把绿色发展的底色铺好，才会有今后发展的高歌猛进。

（摘自《深入推进生态文明建设和绿色低碳发展》）

六、适用主题：道德法治

1. 秉持家国情怀的赤子之心，砥砺拼搏，每个家庭前进的脚步，就一定能叠加成国家的进步；每个家庭创造的价值，就一定能汇聚成中华民族伟大复兴的力量。家风的“家”，是家庭的“家”，也是国家的“家”。家庭和睦，社会才能和谐；家教良好，未来才有希望；家风纯正，社风才会充满正能量。中华民族家庭美德，是支撑我们民族生生不息的重要精神力量，是家庭文明建设的宝贵财富。

（摘自《千家万户都好，国家才能好，民族才能好》）

2. 要以黄大年同志为榜样，学习他心有大我、至诚报国的爱国情怀，学习他教书育人、敢为人先的敬业精神，学习他淡泊名利、甘于奉献的高尚情操，把爱国之情、报国之志融入祖国改革发展的伟大事业之中、融入人民创造历史的伟大奋斗之中。

（摘自《以黄大年为榜样　心有大我至诚报国》）

3. 中华民族历来重视家风建设、注重家风传承。孔子庭训“不学礼无以立”，诸葛亮诫子“静以修身，俭以养德”，朱子家训“恒念物力维艰”……生动的家风箴言，蕴含着丰富的人生智慧与传统美德，早已融入中国人的血脉。欧阳修的《与十二侄》，司马光的《训俭示康》……一封封家书流传至今，成为跨越时空的家训经典。在中华传统文化的语境里，良好家风感召人向上向善，始终激扬着正能量。“欲治其国者，先齐其家。”家风的“家”，是家庭的“家”，也是国家的“家”。

（摘自《涵养新时代共产党人的良好家风》）

4.“将教天下，必定其家，必正其身。”从历史上的家教故事，到结集成册的传世家训，无不在讲述着良好家风家教的重要作用。

（摘自《营造家庭文明新风尚》）

5.“天下之本在国，国之本在家。”中华民族自古以来就重视家庭。家庭和睦则社会安定，家庭幸福则社会祥和，家庭文明则社会文明。

（摘自《总书记关心关爱“半边天”的故事》）

6. 家风正则行得正，家风淳则风气淳。家风家教是家庭生活的规范，好家风有利于培养个人素养。家人的言传身教恰似春风化雨，润物无声，耳濡目染之中，个人素养走向新的高度和境界。

（摘自《家风是无形的财富》）

7. 家风好，就能家道兴盛、和顺美满；家风差，难免殃及子孙、贻害社会，正所谓“积善之家，必有余庆；积不善之家，必有余殃”。

（摘自《学习习近平总书记关于家庭、家教和家风的论述》）

8. 广大家庭要重言传、重身教，教知识、育品德，身体力行、耳濡目染，帮助孩子扣好人生的第一粒扣子，迈好人生的第一个台阶，引导他们有做人的气节和骨气，帮助他们形成美好心灵，促进他们健康成长，长大后成为对国家和人民有用的人。

（摘自《新时代家庭家教家风建设的根本遵循》）

9. 欲筑室者，先治其基。丰富的基层民主形式、多元解纷机制，有助于增强基层社会吸纳群众意见、化解矛盾纠纷的能力，有效实现听民意、解民忧、纾民困。

（摘自《夯实基层基础　把群众问题解决好》）

10. 行政执法要“有力度”，让侵害群众利益的违法行为无处藏身；行政执法要“添温度”，不能与群众实际感受之间有“温差”；行政执法更需“透明度”，自觉接受社会公众的监督。

（摘自《提升行政执法质量　增强群众法治获得感》）

11.“天下之事，不难于立法，而难于法之必行。”中医药法是一部具有鲜明中国特色、体现深厚历史底蕴和文化自信的重要法律。

（摘自《依法推动中医药传承创新发展》）

12. 令在必信，法在必行。制度的生命力在于执行，关键在真抓，靠的是严管。

（摘自《阔步迈向人与自然和谐共生的现代化》）

13. 一粒米千滴汗，粒粒粮食汗珠换。餐桌文明是人类文明的缩影。拒绝浪费并不难，不妨从现在开始，从少点一道菜、多打几个包做起。

（摘自《珍惜每一餐饭，节约每一粒粮》）

14. 取之有制、用之有节则裕，取之无制、用之不节则乏。珍惜粮食、厉行节约，不仅是中华民族的传统美德，也是餐饮行业高质量发展的必然要求。

（摘自《反餐饮浪费要做到“常”紧盯“新”》）

15. 丰收不是浪费的理由，富足不是挥霍的底气。

（摘自《艰苦奋斗、勤俭节约的思想永远不能丢》）

16.“一粥一饭，当思来处不易；半丝半缕，恒念物力维艰。”先贤的治家格言，至今仍具有深刻的启示意义。

（摘自《在全社会弘扬勤俭节约精神》）

17. 节俭是精神财富，是生活智慧，也是事业兴旺的密码。“足国之道，节用裕民，而善臧其余”。

（摘自《形成全社会节约粮食的合力》）

18.“俭开福源，奢起贫兆”，勤俭节约的好传统决不能丢，任何时候都要以俭素为美，而不以奢靡为傲。

（摘自《在全社会弘扬勤俭节约精神》）

七、适用主题：创新能力

1.“不日新者必日退。”生活总是将成功的机会留给善于和勇于创新的人，谁排斥变革，谁拒绝创新，谁就会落后于时代，谁就会被历史淘汰。正如钱学森所说，“没有大量错误作台阶，也就登不上最后正确结果的高座”。尤其是实现从“0”到“1”的原创性突破，需要开拓者们勇闯前所未知的“无人区”、攀登人迹罕至的“高寒带”，为他们提供全方位的“后勤保障”至关重要。

（摘自《做创新的引领者、推动者》）

2. 从无到有、破旧立新的创新之路，注定道阻且长、充满激流险滩，需要持之以恒的毅力和闯关夺隘的勇气。

（摘自《提高自主创新能力　加快迈向制造强国》）

3. 无论顺境、逆境，创新都是引领发展的第一动力。创新是一棒接一棒的接力赛，也是你追我赶、竞争激烈的公开赛。

（摘自《咬定创新不放松》）

4. 为了人民而改革，改革才有意义；依靠人民而改革，改革才有动力。今天，改革开放已走过千山万水，但仍需跋山涉水。中国式现代化越是伟大而艰巨，越要向改革要动力、向开放要活力。

（摘自《邓小平改革思想及其时代价值》）

5. 统筹“加”与“减”，开放战略更加主动；把握“稳”与“进”，开放步伐更加坚实；兼顾“内”与“外”，开放格局更加宽广。

（摘自《以制度型开放拓展发展空间》）

6. 关键核心技术是国之重器，是要不来、买不来、讨不来的。

（摘自《不断提升我国发展独立性、自主性、安全性》）

7. 广袤田野蕴藏着无限希望，乡土人才就是让希望成为现实的探路人。

（摘自《“头雁”领飞，“雁群”高飞》）

8. 治国安邦，人才为本。热心发现人才、诚心使用人才，精心爱惜人才、用心聚集人才，群贤毕至、群星璀璨的新时代生机盎然。人才工作如棋局，机制活则满盘皆活。体制新，人才聚；机制顺，活力增。梧高凤必至，花香蝶自来。

（摘自《创造活力竞相迸发　聪明才智充分涌流》）

9. 栽好梧桐树，自有凤凰来。返乡创业青年为乡村振兴添砖加瓦，广袤乡村回馈他们以更多人生出彩的机会。让愿意留在乡村、建设家乡的人留得安心，让愿意扎根田野、回报乡村的人更有信心。

（摘自《青年返乡创业，助力乡村振兴》）

10. 因地制宜发展新质生产力，要有矢志创新的勇气；因地制宜发展新质生产力，要有先立后破的策略；因地制宜发展新质生产力，要有求真务实的态度；因地制宜发展新质生产力，要有改革攻坚的决心。

（摘自《如何因地制宜发展新质生产力》）

11. 发展绿色生产力是马克思主义生态观的与时俱进；发展绿色生产力是推动高质量发展的应有之义；发展绿色生产力是实现生态环境质量改善由量变到质变的重要基础。

（摘自《培育发展绿色生产力　全面推进美丽中国建设》）

12. 形势逼人，挑战逼人，使命逼人。加快实现高水平科技自立自强，加快建设科技强国，我们不能等待、不能观望、不能懈怠。只有把科技的命脉掌握在自己手中，才能真正掌握竞争和发展的主动权，形成国际竞争新优势，才能“任凭风浪起，稳坐钓鱼船”，成功应对外部环境变化和各种外部冲击。

（摘自《中国式现代化关键在科技现代化》）

13. 仰望苍穹，在反复观测间了解太阳的“脾气”；跨越山海，于极端环境里监测地球的“呼吸”；观察细胞，在生物活动中探索生命的奥秘。

（摘自《执着探索太阳的奥秘》）

14. 发展新质生产力是推动高质量发展的内在要求和重要着力点，必须继续做好创新这篇大文章，推动新质生产力加快发展。

（摘自《深刻认识和加快发展新质生产力》）

15. 新质生产力不是传统生产力的局部优化与简单迭代，而是由技术革命性突破、生产要素创新性配置、产业深度转型升级而催生的先进生产力，必将带来发展方式、生产方式的变革，推动我国社会生产力实现新的跃升，为全面建设社会主义现代化国家奠定更加坚实的物质技术基础。

（摘自《深刻认识和加快发展新质生产力》）

16. 坚持创新思维，跟着问题走、奔着问题去，准确识变、科学应变、主动求变，才能在把握规律的基础上实现变革创新。

（摘自《增强创新意识　培养创新思维》）

17. 新质生产力代表先进生产力的演进方向，是由技术革命性突破、生产要素创新性配置、产业深度转型升级而催生的先进生产力质态。

（摘自《深刻理解和把握新质生产力》）

18. 发展新质生产力不是忽视、放弃传统产业，要防止一哄而上、泡沫化，也不要搞一种模式。各地要坚持从实际出发，先立后破、因地制宜、分类指导，根据本地的资源禀赋、产业基础、科研条件等，有选择地推动新产业、新模式、新动能发展。

（摘自《发展新质生产力，从实际出发》）

19. 所当乘者势也，不可失者时也。抢抓机遇，依靠创新特别是科技创新实现动力变革和动能转换，中国式现代化建设一定能披荆斩棘、一往无前。

（摘自《以新质生产力强劲推动高质量发展》）

八、适用主题：勤奋刻苦

1. 胸怀梦想的远征，从来不惧风雨兼程；穿越惊涛骇浪的航船，更显中流击水之定力。

（摘自《笃定信心、稳中求进，实现既定目标》）

2. 千难万难，只要重视就不难；大路小路，只有行动才有出路。躺平不可取，躺赢不可能，惟撑篙不已方能逆水行舟，惟奋斗不止方能冲出重围。山不低头，但人能比山高。好事尽从难处得，辉煌总自磨砺出。

（摘自《葆有“越是艰险越向前”的闯劲》）

3. 征途如画，奋斗如歌。奋斗精神，是“为有牺牲多壮志”，是“万水千山只等闲”，是“团结起来、振兴中华”，是“功成不必在我，功成必定有我”。正因为有奋斗精神的强大牵引，所以有了“当惊世界殊”的发展成就，有了“此生无悔入华夏”的深情告白，有了“平视世界”的从容自信，有了“没有任何力量能够阻挡”的战略定力。

（摘自《在全社会弘扬奋斗精神》）

4. “天下难事，必作于易；天下大事，必作于细。”成功属于奋进者，事业需要奋进者。方此“船到中流、人到半山”之时，新时代的中国共产党人尤应牢记“进则全胜，不进则退”，警惕“一篙松劲退千寻”。

（摘自《进则全胜，不进则退》）

5. 畏难者往往一蹶不振，迎难而上者却能越挫越勇，从战胜挫折、克服困难中汲取养分，砥砺自强不息的精神。

（摘自《从战胜挫折中汲取成长养分》）

6. 在他们身上，我们看到了“干一行钻一行”的精益求精，看到了“偏毫厘不敢安”的一丝不苟，看到了“千万锤成一器”的卓越追求。

（摘自《追求卓越，不断突破和创造奇迹》）

7. 古之立大事者，不惟有超世之才，亦必有坚忍不拔之志。

（摘自《事业因执着而成功 人生因坚韧而出彩》）

8. 涵养“功成不必在我”的境界，强化“功成必定有我”的担当，树牢“做就要做好，坚定做下去”的信念，久久为功，步步深入，何愁不能推动黄河流域生态保护和高质量发展不断取得新成效。

（摘自《打好黄河“几字弯”攻坚战》）

9. 铆足“向最难之处攻坚”的拼劲，“再难也要想办法解决”；保持“一滴滴水对准一块石头”的韧劲，“目标一致，矢志不移”；凝聚“众人拾柴火焰高”的心劲，“形成一盘棋，拧成一股绳”。

（摘自《“有利于百姓的事再小也要做”》）

10. 在广袤乡村“自讨苦吃”，努力把中国饭碗牢牢端在自己手中；在风雪边关枕戈待旦，让五星红旗高高飘扬；在科技前沿创新竞进，助力“中国制造”向“中国智造”迈进；在三尺讲台默默坚守，一支粉笔书写芳华。

（摘自《在矢志奋斗中谱写时代之歌》）

11. 广大青年既是追梦者，也是圆梦人。追梦需要激情和理想，圆梦需要奋斗和奉献。

（摘自《做追梦者 当圆梦人》）

12. 从五湖四海来，又到天南地北去，新时代青年把个人“小目标”融入党和国家的“大蓝图”，以青春之名，赴时代之约。惜别校园，迈向崭新天地，有人如迎春花装点春日，有人如月朵暮开无绝艳。蔓蔓日茂，早开者荣，晚开者亦荣，唯有保持“初生牛犊不怕虎”的锐气，鼓起“扶摇直上九万里”的劲头，主动把一件件小事做好，终能积小胜为大胜、积跬步至千里。

（摘自《在矢志奋斗中谱写时代之歌》）

13. 新时代新征程新伟业，呼唤广大青年把个人奋斗融入民族复兴的时代洪流中，让蓬勃青春与家国情怀同频共振，将个人发展与祖国前途命运紧密结合，成就一番事业、更好实现人生价值。

（摘自《“明天的中国，希望寄予青年”》）

14. 青春的印记镌刻在高山原野、荒漠戈壁、海岛边疆，镌刻在中国的每一寸土地上。一个个青年的拼搏奋斗，汇聚成浩浩荡荡的时代潮流，成就的是一个青春盎然的中国。

（摘自《把青春奉献给大地》）

15. 保持初生牛犊不怕虎的劲头，敢为人先，敢于突破，以聪明才智贡献国家，以开拓进取服务社会，才能让青春的能量充分迸发。

（摘自《用奋斗书写最闪亮青春答卷》）

16. 所虑时光疾，常怀紧迫情。岁月不待人，机遇不等人，为了实现中华民族伟大复兴的中国梦，我们必须同时间赛跑，奋勇争先。

（摘自《保持时不我待的奋进姿态》）

17. 慢不得，强调实干担当，增进“功成必定有我”的信念，抢占先机、迎难而上，奋力跑出最好成绩；急不得，要求养成“功成不必在我”的境界，不超越阶段，根据现有条件，跑好属于自己的这一棒。

（摘自《既急不得，也慢不得》）

九、适用主题：成绩成就

1. 这一年的步伐，我们走得很坚实；这一年的步伐，我们走得很有力量；这一年的步伐，我们走得很见神采；这一年的步伐，我们走得很显底气。

（摘自《国家主席习近平发表二〇二四年新年贺词》）

2. 统筹“加”与“减”，开放战略更加主动；把握“稳”与“进”，开放步伐更加坚实；兼顾“内”与“外”，开放格局更加宽广。

（摘自《以制度型开放拓展发展空间》）

3.“壹引其纲，万目皆张”，通过重点领域改革的“一子落”，才能带动全面深化改革棋局的“全盘活”。

（摘自《“弹钢琴”与“牵牛鼻子”》）

4.焦裕禄以“苦战三五年，改变兰考的面貌”的决心和实干，凝聚起兰考人民与内涝、风沙、盐碱“三害”斗争的强大力量；廖俊波“认准的事，背着石头上山也要干”，带着人民加速追赶，推动政和县从福建省“省尾”发展为省“十佳”；黄大发立下“水过不去、拿命来铺”的誓言，与干部群众一起在绝壁凿出“生命渠”。

（摘自《鼓足干事创业的精气神》）

5.缘“新”而变，传统产业活力焕发；由“新”而进，新兴产业聚能起势；从“新”出发，未来产业潜力无限。

（摘自《新质生产力稳步发展》）

6.千千万万工厂开启数字化、智能化升级，新能源汽车跨越年产 1000 万辆里程碑……传统产业“大象”起舞，新兴产业“狮虎”竞逐，未来产业“瞪羚”跳跃，万类霜天竞自由。

（摘自《一颗苹果里的新质生产力》）

7.历史发其源，文化铸其魂。源远流长的中华文明，在世界文明百花园里独树一帜，为人类文明进步做出了不可磨灭的贡献。

（摘自《“更要在心里传承好”》）

8.自 1994 年 4 月 20 日中国与互联网开始“全功能连接”起，到 2022 年 11 月已有 10 亿多中国网民踏上这条信息高速公路。

（摘自《互联网让世界变成“地球村”》）

9.五星红旗迎风飘扬，思想之光不断转化为前进的磅礴伟力，社会主义中国以更加雄伟的身姿屹立于世界东方。思想的光芒，照亮一个民族走向复兴的征程，产生影响世界的力量。

（摘自《进一步感悟思想伟力》）

10. 绿色发展理念在厚植，绿色发展效益在显现，绿色发展动能在积蓄，高质量发展之路必定会越走越宽广。

（摘自《转型发展守护大美洞庭》）

11. 从曾经落后挨打的积贫积弱，到如今走向世界舞台的大国自信，中国青年今日平视世界的底气，也源自一代代有志青年的接续奋斗、不懈奋斗。

（摘自《“把光荣镌刻在历史行进的史册里”》）

12. 水变清、路变畅、网变快，公共设施提档升级，“环境美”携手“生活美”。

（摘自《总书记的“三农”情怀》）

13. 小小快递，连接千城百业、畅通供需两端，在服务经济社会发展和便利群众生活方面日益发挥着重要作用。

（摘自《从“千亿快件”中感受经济韧性》）

14. 在历史的长河里，中华民族始终以“苟日新，日日新，又日新”的精神不断创造自己的物质文明、精神文明和政治文明，中华文明成为世界上唯一没有中断且以国家形态发展至今的伟大文明。

（摘自《我们的创造生生不息》）

十、适用主题：清正廉洁

1. 清正廉洁，是党员干部为官从政的基本底线。从人民利益出发，用好人民赋予的权力，把造福人民的实事办实，把造福人民的大事小事办好，把造福人民的难事办妥，这是一份承诺，更是一份忠诚。共产党人干事创业，图的是造福百姓，为的是家国兴旺。把做官当做事，把用权当履责，踔厉奋发、笃行不怠，勇于担当、不负使命，这是党员干部应有的境界。

（摘自《树立正确的权力观》）

2. 领导干部只有树立正确的权力观、地位观、利益观，才能在任何时候都稳得住心神、管得住行为、守得住清白。

（摘自《守住守牢拒腐防变防线》）

3. 回溯历史，一代代中国共产党人永葆清正廉洁的政治本色，历经沧桑而初心不改、饱经风霜而本色依旧。一身浩然气，千里快哉风。

（摘自《勇于自我革命　赢得历史主动》）

4. 心有所畏，方能言有所戒、行有所止，并最终为有所成。

（摘自《学纪知纪明纪守纪　推动党纪学习教育走深走实》）

5. 纪律如果只写在纸上、挂在墙上、印在书里，不落在行动上，不仅不会产生震慑，反而会损害党的公信力。

（摘自《纪律严明是我们党的光荣传统和独特优势》）

6. 广大党员干部要永葆自我革命精神，时刻做到心中有责、心中有尺、心中有戒。要自觉净化社交圈、生活圈、朋友圈，洁身自好、淡泊名利，勤掸“思想尘”、多思“贪欲害”、常破“心中贼”、筑牢“防火墙”。

（摘自《学党纪　强定力》）

7. 夯实清正廉洁思想根基，要强化理论武装；夯实清正廉洁思想根基，要坚定信仰、信念、信心；夯实清正廉洁思想根基，要发展积极健康的党内政治文化。

（摘自《夯实清正廉洁思想根基》）

8. 管住“用权任性”的手，要端正政绩观；管住“用权任性”的手，要把“实事求是”挺在前面；管住“用权任性”的手，要紧盯“关键少数”。

（摘自《管住“用权任性”的手》）

9. “不矜细行，终累大德。”对党员干部而言，清廉是对党和人民的最好交代，也是对自己的最好爱护、对家人的最好馈赠。

（摘自《“拍蝇”不手软　反腐惠民生》）

10. 年轻干部把扣子扣严扣正、把基础扎稳扎实、把规矩牢记在心，人生之路才能走得更稳更远。

（摘自《“扣好廉洁从政的‘第一粒扣子’”》）

11. 有什么样的精神状态，就会有什么样的工作作风，就会有什么样的工作业绩。人才成长都有一个磨炼的过程，思想成熟都需要实践的经历，只有多做几次“热锅上的蚂蚁”，接几次“烫手的山芋”，才能激发潜能，真正百炼成钢。吃得了苦头、耐得住寂寞、守得住清贫、顶得住压力，磨砺意志，提升敢干事、能干事、干成事的能力素质。

（摘自《年轻干部要自觉摒弃骄娇二气》）

12. 古人讲“人不率则不从，身不先则不信”。坚持“当下改”与“长久立”相结合，关键在人，关键在知行合一。

（摘自《“当下改”与“长久立”》）

13. 做到虔诚而执着、至信而深厚，方能在面对风险挑战、艰难险阻甚至惊涛骇浪时，将忠诚化作“乱云飞渡仍从容”的定力、“越是艰险越向前”的精神和“踏平坎坷成大道”的本领。

（摘自《锤炼对党忠诚的政治品质》）

14. 凡是有利于党和人民的事，就要事不避难、义不逃责，大胆地干、坚决地干，正所谓“苟利国家生死以，岂因祸福避趋之”。

（摘自《以学促干，鼓足干事创业的精气神》）

15. 有时候，不徜徉于一时一地的风景，就是因为有顶峰的无限风光在召唤。

（摘自《稳扎稳打　善作善成》）

16. 面对纷繁复杂的形势，要想洞察世事、科学决策，还必须有“不畏浮云遮望眼”的清醒、“功成不必在我”的境界和“乱云飞渡仍从容”的定力。

（摘自《善于从战略上看问题想问题》）

第二节　写作素材

一、适用主题：勤奋刻苦

1. 1452 年，达·芬奇出生于意大利托斯卡纳芬奇小镇附近名为安齐亚诺的村庄。除了简单地学习过商业算数，他没有接受过正统教育，似乎带着一丝自嘲，他说自己是“没有受过教育的人”。所以，达·芬奇尤其努力，经常随身携带笔记本，记录下所观所思。这个习惯伴随他终生，随着时间推移，积攒的手稿浩如烟海。现存的 7000 多页笔记很可能只是他全部笔记的 1/4。

（摘自《手稿背后的思考》）

2. 关键时刻顶得住、豁得出，这份实力与底气源自多年的刻苦努力。备战北京冬奥会的日子里，任子威和队友们面临着多重考验。“有时候觉得训练累，坚持不下来，就让自己再咬牙顶一顶。”任子威表示，“过程做好了，才会有好的结果。”“这些年，拼尽全力已经成了我的一种习惯，不单是我，整个中国短道队，拼搏精神一直在传承发扬。”

（摘自《站上赛场就要为国争光》）

3. 清晨，穿好制服拿上工具，黄山“守松人”胡晓春踏上坚守 13 年的守松之旅；晌午，智能垃圾箱房旁，上海社区干部雷国兴耐心地向群众普及垃圾分类常识，推动绿色生活方式深入人心；深夜，电化学实验室内，南京大学教授黄硕带领团队紧张攻关，只为破译蛋白质序列的“密码”……各行各业的人们都在挥洒汗水，每一个平凡的人都作出了不平凡的贡献。

（摘自《以龙腾虎跃的干劲书写新篇章》）

二、适用主题：心系人民

1. 为老百姓排忧解难谋幸福，必须坚持全心全意为人民服务。“樵夫”廖俊波见到群众经常会问最近有什么想法，遇到什么困难，有没有需要帮助解决的；老英雄张富清，深藏功名，在来凤山区奉献一生。对广大党员干部而言，人民情怀不是一句空话，必须体现到为民服务的使命感上，体现到一事未成、寝食难安的紧迫感上。高度负责，勤勉尽责，才能让老百姓生活过得好。

（摘自《“全心全力把老百姓的事一件一件办好”》）

2. 从 1997 年起，当代“愚公”毛相林带领乡亲们以“愚公移山”的决心和毅力，历时 7 年，在悬崖绝壁上凿出一条 8 公里长的“绝壁天路”。路修通后，他又带领村民们向贫穷宣战，探索培育出柑橘、桃、西瓜等产业，发展乡村旅游，将绿水青山变成金山银山，蹚出了一条致富路。2020 年，村民人均纯收入达 13785 元，是修路前的 43 倍。毛相林数十年不改初心，苦干实干，用一条“天路”开辟了下庄村的新天地，被授予“全国脱贫攻坚楷模”荣誉称号。

（摘自《“绝壁天路”见证山乡巨变》）

3. 来到四川省白玉县麻邛乡卫生院 13 年，沈富琼的出诊足迹遍布每座雪山、每片草原。翻开卫生院的“健康档案”：常见慢性病患者一一备案，儿童疫苗接种情况全程可查，老年人自理情况、患病情况清晰具体……在海拔 4000 多米的高原上，她精心呵护着 3000 余名群众的健康。

（摘自《乡医沈富琼　心中有笔账》）

三、适用主题：奋斗拼搏

1. 从科学家的发明创造到运动员的摘金夺银，从英雄人物的非凡功绩到普通劳动者的默默奉献，都伴随着激越豪迈的奋斗进行曲。神舟十三号航天员乘组举世瞩目，背后是日复一日的苦练；短道速滑运动员赢得比赛、为国争光，背后是奋勇争先的搏击。事业有成者的经历表明，一切收获都源自辛勤耕耘、不懈奋斗。马伟明坚持自主创新，带领团队破解科技难题、取得重大成果；景海鹏勇于自我加压，战胜生理心理的极限考验，书写"三度飞天"的传奇；苏炳添无惧伤痛，焕发精神与斗志，终在东京奥运会男子 100 米比赛中"飞"入决赛。从屠呦呦获诺贝尔生理学或医学奖，到南仁东带领团队建"中国天眼"望宇宙，再到黄大发率众在绝壁凿出"生命渠"……令人感佩的传奇故事不胜枚举，同时昭示我们：事业的成功，总是孕育在奋力搏击、敢于胜利的征途上。

（摘自《拼搏是最美的人生状态》）

2. 从焦裕禄"革命者要在困难面前逞英雄"，到谷文昌"不治服风沙，就让风沙把我埋掉"，再到廖俊波"认准的事，背着石头上山也要干"……作为共产党人，越是任务重、困难多，越要奔着矛盾去、朝着问题改，越要扑下身子、撸起袖子。在人类历史上规模最大、力度最强、惠及人口最多的脱贫攻坚战中，数百万扶贫干部爬最高的山、走最险的路、蹲点最偏远的村寨、帮扶最穷的人家，与广大贫困地区的群众一起攻克了一个个贫中之贫、困中之困、坚中之坚。

（摘自《"聚焦问题、知难而进"》）

3. 苏炳添曾一度被腰伤和骨裂困扰，但最终以顽强意志走出低谷，成为第一个站上奥运会男子百米决赛跑道的中国运动员；江梦南半岁时因药物导致失聪，却怀揣"知命不惧，日日自新"的信念，凭借顽强毅力和不懈努力，顺利完成本科和硕士研究生学业，并如愿被清华大学录取；安徽砀山县的李娟，常年卧病在床，可她没有向命运低头，用嘴咬着触控笔做电商，带动乡亲们脱贫致富……

（摘自《靠奋斗扬起人生理想的风帆》）

4. 牢记嘱托，不辱使命，神舟十三号航天员乘组勇做新时代中国航天事业的奋斗者、攀登者。183 天！从 2021 年 10 月 16 日飞向太空，到 2022 年 4 月 16 日凯旋，神舟十三号“感觉良好”三人组圆满完成长达半年之久的“太空出差”任务，刷新了一个又一个中国航天纪录，为中国空间站正式建成打下坚实基础。

（摘自《勇做新时代奋斗者攀登者》）

四、适用主题：重信守诺

1. 在广东，药店店主豆碧珍在湛江市硇洲岛 30 多年诚信经营，守护着岛民的健康和用药安全；在湖北，退伍军人马盈安为了一句约定，替牺牲战友尽孝 22 年……近年来，我国各行各业涌现出一大批守信践诺、以诚立身的榜样。

（摘自《用一生书写诚信答卷》）

2. 经历了部分企业主“跑路”风波之后，再来回顾温州苍南“诚信老爹”吴乃宜的事迹，具有不同寻常的意义。2006 年“桑美”台风中，吴乃宜老人痛失三子，在此后 5 年多时间里，年过八旬的老人超越自己的能力和责任范畴，替子偿还 80 多万元债务。最终在各方帮助下，完成心愿。吴乃宜以最朴素、最真诚的行动诠释了一位普通老人对“诚信”的理解，感动了社会各界，高度升华了“诚信”两字的内涵。

（摘自《八旬老翁替子还债，“诚信老爹”令人景仰》）

五、适用主题：追逐梦想

1. 保安大叔许一飞，从小学习书法，虽因贫寒辍学却从未放弃，写废了 2000 多支毛笔，荣获兰亭奖；外卖小哥雷海为，在忙碌的工作中坚持背诵古诗词，一举拿下了《中国诗词大会》的总冠军；侏儒症患者沈明辉，一心一意苦练画技，成为小有名气的画家……

（摘自《用热爱奔赴生活的远方》）

2. 戚发轫的人生选择，始终听从国家召唤、服务航天事业需要。不只是神舟飞船，第一枚导弹、第一枚火箭、第一颗人造卫星，这些人们耳熟能详的大国重器背后，都有戚发轫的身影。“发轫”，比喻新事物或某种局面开始出现。回顾我国航天事业的发展历程，戚发轫在其中的贡献恰如其名。无论是打造国之重器，还是晚年投身教育、为国育才，戚发轫以航天报国、强国的初心始终未改。正如他自己所说，“我把毕生心血都献给了党的事业，献给了中国航天。”

（摘自《以毕生心血托举航天强国梦》）

3. 昔日“北大荒”，今朝大粮仓。历经几十年的开发建设，这里从“莽莽荒原”到“中国饭碗”，成为我国重要商品粮基地、粮食战略后备基地和国家级现代化大农业示范区。4400 多万亩耕地每年粮食产能超 400 亿斤，累计为国家提供商品粮超 6000 亿斤，为保障国家粮食安全、支援国家建设作出了重大贡献。时代更迭，新一代年轻人奋斗在这片黑土地上。他们当中，有的是祖祖辈辈在此的“垦三代”，有的是受北大荒精神鼓舞、慕名来到这里的“新北大荒人”。这片热土，吸引着一批又一批年轻人在此扎根，追逐梦想。

（摘自《逐梦北大荒的年轻人》）

六、适用主题：清正廉洁

1. 从在狱中写下《清贫》流芳后世的方志敏到“两袖清风来去”的焦裕禄，从“不带私心搞革命，一心一意为人民”的谷文昌到“深藏功与名、不改真本色”的张富清……他们都是共产党员自身廉、自身硬的榜样，体现了对党忠诚、不负人民、勇担使命、清正廉洁的崇高风范。

（摘自《自身硬首先要自身廉》）

2. 在浙江绍兴周恩来纪念馆里，悬挂着一副对联“事能知足心常泰，人到无求品自高”。这一家训深深影响着周恩来，也引人追忆一代伟人廉洁自律的崇高风范和价值追求。对于党员、干部来说，必须分清合情合理的欲望和情理不容的贪欲之间的界限。历史上，公仪休拒鱼养廉，杨震慎独拒金，包拯“拒礼为开廉洁风”，于谦“清风两袖朝天去”，无不为人所传颂。

（摘自《既“知止”，也“知进”》）

3. 心有所畏，方能言有所戒、行有所止。“四有”书记谷文昌常对身边人说：“当领导的要先把自己的手洗净，把自己的腰杆挺直。”谷文昌去世后，爱人按他生前交代，拆除家里电话上交，“活着因公使用，死后还给国家”。一部电话映初心，只有对权力心怀敬畏，才能两袖清风来去；只有对人民心怀敬畏，群众心头才有一份敬爱。谷文昌同志身后被称作“谷公”，至今被当地群众铭记于心，就是最好的证明。党员、干部唯有时刻自重自省自警自励，慎独慎微慎始慎终，才能行稳致远，走好从政路、人生路。杨善洲同志退休后上山种树，“前面烤着栗炭火，后面积起马牙霜”。面对不解，他一句“有人说我是自讨苦吃，其实你们不知道我有多快乐”，令人动容。杨善洲的“乐”，是共产党人把人生理想融入党和人民事业之中的“乐”，是把为人民幸福而奋斗作为自己最大幸福的“乐”，无数优秀共产党人以“先忧后乐”的实践证明，不谋私利才能谋根本、谋大利，才能从“小我”走向“大我”。

（摘自《党员干部要常破“心中贼”》）

七、适用主题：爱岗敬业

1.“国家的需要，就是我的志愿”，“敦煌女儿”樊锦诗从大学毕业起就扎根大漠，几十年如一日，静心笃志、潜心研究敦煌文物；“杂交水稻之父”袁隆平为实现“让杂交水稻覆盖全球”的梦想，一辈子致力于杂交水稻技术的研究、应用、推广。

（摘自《坐热“冷板凳”》）

2.“两弹元勋”邓稼先坚守戈壁数十载，无惧风餐露宿，“用最原始的办法”破译原子弹的奥秘。“梨首席”张绍铃走遍20多个主产梨省份的120多个县市，为各地梨产业把脉问诊，一心只为“梨业强、梨农富、梨乡美”。

（摘自《稳扎稳打　善作善成》）

3.守岛卫国32年，王继才、王仕花夫妇用无怨无悔的坚守和付出，在平凡的岗位上书写了不平凡的人生华章。2018年7月27日，王继才在执勤时突发疾病，经抢救无效去世，年仅58岁。王继才、王仕花夫妇荣获“最美奋斗者”“时代楷模”“全国爱国拥军模范”等称号。王继才被追授“全国优秀共产党员”称号，2019年被授予“人民楷模”国家荣誉称号。

（摘自《王继才、王仕花夫妇：守岛卫国，无怨无悔》）

4.“蛟龙”号实现我国大深度载人潜水器从无到有的突破，“深海勇士”号形成自主可控的深潜技术链条和产业链条，“奋斗者”号成功挑战地球海洋最深处，这些成绩离不开中国载人深潜团队和叶聪二十年如一日的辛勤付出。这20年间，从主任设计师成长为副总设计师、总设计师，叶聪深感责任重大，不断化压力为动力。

（摘自《“蛟龙”潜深海　“勇士”写精彩》）

八、适用主题：榜样力量

1. 精心育人，“一辈子做老师，一辈子学做老师”的于漪；援藏16年，为国家种质库收集了数千万颗植物种子的钟扬；扎根太行山，将论文写在祖国大地上的李保国……一大批优秀教师共同塑造了感动中国的光辉榜样。

（摘自《为孩子们点亮人生梦想》）

2. 誓言“振兴中华，乃我辈之责”的黄大年，诠释了什么是对祖国之爱；志在“让每个孩子都有微笑的权利”的韩凯，展示了什么是医者仁心；“捡”出一座免费图书馆的“中国好人”陈光伟，体现着质朴的助人为乐……在当代中国的文明星空中，处处能看到道德的光亮。他们如同一盏盏明灯，照耀着人们的心灵，也有力证明，道德正能量始终具有凝聚人心的力量。

（摘自《让全社会充满道德温度》）

3. “如果说我有追求，那就是我的事业。”张桂梅创办了全国第一所全免费女子高中，是华坪儿童之家130多个孤儿的“妈妈”。她在党支部坚持每周开展1次理论学习、重温1次入党誓词的组织生活。她常年坚持家访，行程11万多公里，覆盖学生1300多名，为学生留住了用知识改变命运的机会。她以坚韧执著的拼搏和无私奉献的大爱，诠释了共产党员的初心使命，被授予“全国优秀共产党员”和“时代楷模”称号。

（摘自《执著的追求 崇高的事业》）

4. 榜样是看得见的哲理。回溯党史，焦裕禄、孔繁森、杨善洲、廖俊波……在不同历史时期，一批批优秀党员干部初心如磐、使命在肩，以身作则、担当作为，赢得了群众信任，成为正心明德的表率。以模范典型人物为榜样，善于从优秀传统文化中汲取营养、获得力量，见贤思齐、完善自我，有利于正己修身、拒腐防变。

（摘自《用优秀传统文化正心明德》）

九、适用主题：理想信念

1. 从“为了新中国，前进”的董存瑞，到“没有条件创造条件也要上”的王进喜，从“生也沙丘，死也沙丘”的焦裕禄，到“水过不去、拿命来铺”的黄大发……一个个闪光的名字，就是一面面迎风招展的旗帜，高高飘扬在党和人民需要的地方。

（摘自《成为一面鲜红的旗帜》）

2. 1962 年至今，一代代塞罕坝务林人餐风啮雪、艰苦创业，将荒坡变成百万亩林海，建成世界上最大一片人工林。如今，年轻的“80 后”“90 后”林场职工成长起来，在前辈引领鼓励下，抓住新机遇、迎接新挑战，续写塞罕坝的绿色传奇。

（摘自《塞罕坝机械林场里的年轻人》）

3. 奋斗的党信念坚定，勇扛重担。百年来的奋斗路，处处可见共产党员用满腔热血乃至生命之躯浇筑的历史丰碑。“敌人只能砍下我们的头颅，决不能动摇我们的信仰”，方志敏让世人见证了红军将领清贫如洗的纯洁、奋不顾身的坚贞。“不带私心搞革命，一心一意为人民”，谷文昌用一生的奉献付出，诠释了对党忠诚、为民造福的党性本色。“不能光为自己而活，要用自己的力量为他人、为国家、为民族、为社会做出贡献”，黄文秀在脱贫攻坚第一线倾情投入，忠诚干净担当的党员形象令人钦佩。坚定的理想信念，鲜明的政治品格，正是共产党人不懈奋斗的动力源泉。

（摘自《奋斗的政党永远年轻》）

4. 政治上的坚定源于理论上的清醒。理想信念只有建立在对科学理论的理性认同上，建立在对历史规律的正确认识上，建立在对基本国情的准确把握上，才能虔诚而执着、至信而深厚。陈望道积极接触和宣传马克思主义理论，不仅成为首个中文全译本《共产党宣言》的翻译者，还参与创建了上海共产主义小组、上海社会主义青年团。蔡和森在赴法国勤工俭学期间翻译上百种介绍马列主义和俄国革命的书籍，系统提出了建党理论和建党原则，在团的一大上当选中央执行委员会委员。坚定理想信念，必先知之而后信之，信之而后行之。

（摘自《理想远大、信念坚定》）

十、适用主题：文化传承

1. 从建成中国共产党历史展览馆、中国国家版本馆，推进《复兴文库》等重大文化工程，到《觉醒年代》《山海情》《只此青绿》等优秀文艺作品不断涌现；从“非遗热”“考古热”“博物馆热”等蔚然成风，到群众歌咏、广场舞展演、乡村“村晚”等文化活动精彩纷呈……

（摘自《把文化的灯火拨得更亮》）

2. 生长在长城脚下的董海宁，一家三代人已经守护长城五十余载。2017 年 4 月，董海宁被聘为永宁县文物保护员。巡长城的时间长了，文保员成了“长城通”。如今，对于永宁段的长城，董海宁早已熟稔。有游客慕名而来，他就兴冲冲地上去介绍，给大家讲解长城的历史。董海宁说：“只有让更多人知道长城存在的价值和意义，并加入保护的行列，文物保护工作才算做到位。”

（摘自《“心里时时放不下长城”》）

3. 越来越多的年轻人投身于传承和发展中华优秀传统文化。从惊艳国际交响乐舞台的中国第一位唢呐博士刘雯雯，到以《只此青绿》火遍全网的舞蹈演员孟庆旸；从用数字化方式“复活”千年艺术的敦煌研究院的年轻人，到“活化”古村落的青年古建修复工作者，广大青年以热爱为底色，以专业为本色，在传承发展中华文化过程中展现青春风采、贡献青春力量。

（摘自《在传承发展中华文化过程中展现青春风采》）

十一、适用主题：使命担当

1. 范长江历时10个月、行程6000余里，用双脚丈量了中国的西北角；魏巍在战火纷飞的战场上书写“最可爱的人”，激扬了人们保家卫国的豪情壮志；穆青“把根扎在最厚的土层里”，通过夜以继日的采写树立起县委书记的好榜样……一代代党的新闻工作者以优秀的作品、优良的文风、过硬的作风，勇担新闻工作者的职责使命，忠诚奉献自己的心血智慧，让党的旗帜高高飘扬。

（摘自《在新征程上续写精彩华章》）

2. 85后徐川子14年来“努力向下扎根”，从一名一线装表工成长为电力大数据发展引领者；90后初雯雯选择在新疆阿勒泰地区从事自然保护工作，在她和团队的努力下，国家一级保护动物蒙新河狸生存环境不断改善……他们用拼搏奉献书写了新时代青春答卷。在危急关头勇毅担当，在平凡岗位发光发热，广大青年用行动证明，新时代的中国青年是好样的，是堪当大任的！

（摘自《让青春在火热实践中绽放绚丽之花》）

3. 1988年出生的王娇，研究生毕业后进入敦煌研究院，7年来一直从事敦煌石窟考古报告的编写工作；1987年出生的杨金礼，19岁来到莫高窟，成为一名壁画修复师；90后刘小同2014年加入，专注为莫高窟“画像”……如今的敦煌研究院拥有一支200余人、产学研一体的保护队伍，其中不乏80后、90后、95后。他们在青春年华来到敦煌、深深扎根，为“把莫高窟保护好，把敦煌文化传承好”而坚守、奉献。

（摘自《大漠黄沙地　奋斗绽芳华》）

十二、适用主题：教书育人

1. 在哈尔滨工程大学，杨士莪被称为“一站到底的院士”，因为年过九旬的他，仍然奋战在教学科研第一线，并始终坚持站着给学生上课；“就算吃得千般苦，也要把孩子教出来”，江苏省南京市浦口区行知教育集团总校长杨瑞清坚守乡村 41 年，把村小发展成现代教育集团；“确保民勤不成为第二个罗布泊”，着眼国家需要，中国农业大学教授康绍忠怀抱着“荒漠变绿洲”的心愿，一干就是 37 年……翻开教书育人楷模的事迹，一个个动人的时刻、一句句真心的话语，汇聚成人们心中好老师的模样。

（摘自《做学生为学、为事、为人的大先生》）

2. 乡村教师支月英几十年如一日，用“一棵树摇动另一棵树，一朵云推动另一朵云”，不仅让孩子们学习知识，更让他们树立起走出大山、远离贫困的信念。清华大学附属小学党总支书记、校长窦桂梅多年保持“一日蹲班”的教学习惯，还带动年轻教师一起参与，俯身面对学生的个体差异。

（摘自《启智润心　因材施教》）

3. 福建农林大学教授林占熺的办公桌上，摆放着一个地球仪，这是学生们送给他的教师节礼物。地球仪上，已经推广了菌草技术的地方都被贴上了标识。如今，菌草技术不仅推广到国内 500 多个县区，还被推广至 100 多个国家和地区。“为民谋利、为国争光、造福人类”，在林占熺的影响下，许多学生毕业后加入菌草科研团队，致力于使菌草技术成为造福广大发展中国家人民的“幸福草”。四十余载教书育人，吉林大学教授孙正聿把“哲学的目光”聚焦于对“真善美”的求索，以哲启思、以文化人，培养了一大批哲学教育和科研人才。湖南省湘潭市雨湖区金庭学校教师石灵芝，在多年语文教学中坚持以文化道、以意动人，让课堂有情境、有情感、有意思、有意义。

（摘自《胸怀天下　以文化人》）

十三、适用主题：革命精神

1. 福建长汀“红军桥”上 1.5 米高的刻痕，是上了刺刀的步枪高度，见证着革命年代“人比枪高当红军”的热血与坚贞。

（摘自《立志为强国建设、民族复兴而读书》）

2. 红色，是代表着光明与温暖的颜色，也是象征着革命与胜利的颜色。这抹红之所以炽热明亮，那是因为其中有着像瞿秋白“总想为大家辟一条光明的路”那样的理想之光，有着像赵一曼“未惜头颅新故国，甘将热血沃中华”那样的献身精神，有着像焦裕禄“在群众最需要帮助的时候，去关心群众，帮助群众”那样的为民情怀，有着像杨善洲“不要把我当作一棵遮阴的大树”那样的廉洁自律。

（摘自《厚植爱党、爱国、爱社会主义的情感》）

3. 从“红军不怕远征难”的豪迈，到“拼命也要拿下大油田”的干劲，从“我是党员我先上”的坚定，到“千难万险不退缩”的勇毅，中国共产党人始终坚持发扬斗争精神，始终敢于挺身而出、迎难而上，团结带领亿万人民取得一个又一个胜利。在百年奋斗征程中，中国共产党锤炼了不畏强敌、不惧风险、敢于斗争、敢于胜利的风骨和品质。这种风骨和品质，成为党鲜明的特质和特点。

（摘自《坚持发扬斗争精神》）

十四、适用主题：生态文明

1. 河北沧州黄骅港是我国西煤东运、北煤南运的重要港口，曾一度“车厢一翻转，煤尘飞上天”。如今，依托环保科技，港口实现转型升级，成了一座鸟语花香的“海岸花园”。

（摘自《在绿色转型中实现新发展》）

2. 在吉林省梨树县的“科技小院”，中国农业大学的研究生们坚持“泡”在玉米田里，试验和推广黑土地保护性耕作技术；在引江济淮沿线湖泊，安徽省安庆师范大学的师生监测水环境、参与水生态修复工作；在沿黄城市的中小学和幼儿园，山东青年政治学院的志愿者们利用假期科普环保理念，守护“生态黄河”……扎根乡野，走向社会，以自然万物为课堂，把论文写在大地上，越来越多的年轻人正投身实践一线，用知识和热情为我国生态保护事业注入青春力量。

（摘自《为生态保护注入青春力量》）

3. 80 后的杨戌雷从技校毕业后，成为一名泵站的工人。2011 年，白龙港污泥处理工程建成调试，杨戌雷被任命为污泥处理车间主任，担负起整个污泥处理系统的调试和接管工作。在之后的 10 多年里，杨戌雷和团队成员对设备、工艺等方面存在的问题进行有针对性的改进，实现了污泥处理系统长期稳定运行。污泥处理更加绿色低碳环保的背后，是杨戌雷和团队成员对创新创造的不懈追求。如今，杨戌雷已成长为一名环保领域的大国工匠，对自己的职业也更加热爱：“我亲眼见证了上海生态环境治理取得的显著成效，我要继续扎根一线，积极开展新技术的学习和研究，努力做出更大成绩，守护城市碧水清波。”

（摘自《用匠心书写青春年华》）

十五、适用主题：创新创造

1. “嫦娥揽月”“祝融探火”“羲和逐日”，一次次圆满完成的重大航天工程任务，凝结着一代代航天英才的创新创造。2022 年我国数字经济规模达 50.2 万亿元，是无数人孜孜创新、创业耕耘的成果。

（摘自《在全社会弘扬创造精神》）

2. 一无图纸资料、二无专家外援，只见过照片和玩具模型，彭士禄就是在这样的起点上，开始了核潜艇的研制。没有老师，就自学自悟；没有资料，就现学现译；没有设备，就用算盘算尺。凭借对家国的一腔热血、对科学的钻研精神，彭士禄带领团队从零开始、自力更生，破解了一个又一个技术难题。艰苦奋战、初心如磐，中国用 8 年时间，实现了“核潜艇，一万年也要搞出来”的宏愿。彭士禄曾在自述中写道：“如活着能热爱祖国、忠于祖国，为祖国的富强而献身，足矣。”

（摘自《以行践诺，矢志报国》）

第八章

申论注意事项及常见问题

方法技巧用不对，就会越学越觉累。
头脑难免会混沌，努力只能致白费。
申论做题有方法，学深悟透效果佳。
按照思路遵循它，学习轻松高分拿。

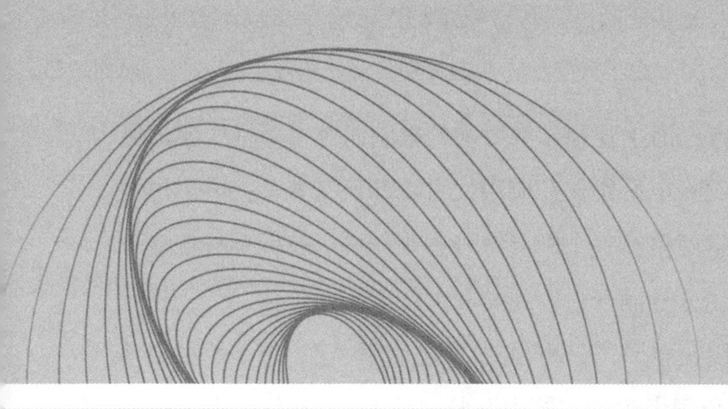

第一节　注意事项

申论绝非“玄学”。对于初学申论的考生而言，没有学习章法，做起申论题目就会感觉“腾云驾雾”，不知所然，取得的成绩势必不尽如人意，考生如何避免走弯路？必须注意以下事项：

1. 重视学习积累。学习申论必须先积累知识，没有一定的知识储备，申论很难拿高分。对于不同类型的试题要多做多思多总结，这样学习才能做到事半功倍。

2. 锻炼身体可以提升学习效率。考公不仅是对意志的挑战，也是对体能的考验。有的考生平时不注意科学安排学习时间，整天学习，头脑昏昏沉沉，久而久之，学习成绩提不上去，效果很差。因此，建议考生根据自身身体情况，适当到户外进行健身运动，保持精力充沛，提升学习效率。

3. 切忌“三天打鱼两天晒网”。正所谓“不破不立，破而后立；大破大立，晓喻新声”。申论学习一开始就不能给自已留太多后路，既然选择考公，就要做到心无旁骛。有些考生意志不坚定，没有持之以恒、久久为功的定力，有空就学、没空不学。所以，建议考生们一定要步子稳，心态好，制定明确的学习规划并严格执行。

4. 格式规范书写。申论因主观题作答要求的限制而对书写格式要求更为严格规范。包括：答题除申论作文和应用文写作外顶格书写；申论作文和应用文写作每段开始空两格；一个标点符号占一空格，破折号与省略号占两个空格；要点之间用分号隔开；应用文和大作文标题单独一行，相对居中；大写“一”之后用顿号“、”，小写“1”之后用“.”；等等。主观卷面可以深度展现和全面再现考生的“笔力”与“脑力”，不仅要求字迹清晰、字体工整，而且要求格式规范。一些考生存在“没格硬挤”现象，硬生生把书名号、引号等标点符号与文字挤在一起。需要注意的是，做题绝不可以写“连笔字”，书写不能潦草，要容易辨认，更不能将字写在试卷印好的方格外。

5. 注重学习方法技巧。任何事物都有规律可循，只有掌握规律，才能耗时少而效率高。换言之，学习方法对，事半功倍；学习方法错，事倍功半。虽说“勤能补拙”，但如果做题缺乏方法技巧，就会影响考生成绩。

6. 反复练习真题。练习真题是提升学习效果的最佳选择。研究历年真题，归纳整理各类题型的变化和趋势。需要注意的是，考生可选择报考地区历年真题进行练习，做到有的放矢，毕竟不同地区考查申论的侧重点会有所不同。

第二节　常见问题

申论备考过程中比内卷更可怕的是内耗，让备考者备受煎熬，很多备考者由于认知局限和方法偏差，对申论学习“谈申色变”。对于初学申论的考生来说，就是“丈二和尚摸不着头脑”，一些考生花了大量时间做题，却收效甚微。

1. 把申论当玄学，答题靠感觉。有些考生把申论当成“玄之又玄”的玄学，认为“复习不如裸考”“复不复习一个样”等。归根结底，就是考生没有建立科学系统的思维模式。实际上，申论是有规律性的测试题型，答题有其自身的规律和特点，不能仅凭感觉做题。考生应该根据题干要求，依据给定材料，总结提炼观点，否则申论得分会很低。

2. 申论刷题只求数量不求质量。很多考生学习申论时片面地认为：只要多刷题，就能考高分。事实并非如此，考生如果不去总结做过的错题，就不能提升学习质量。从实践来看，很多考生一味做题，却很少进行分析总结，找不出命题特点和规律，结果申论成绩总是令人大失所望。

3. 素材不积累，直接抄材料。有些考生认为“做申论就是抄材料”，确实其与材料有联系，但绝非单纯地抄材料，需要总结提炼观点，还要积累素材。甚至有些考生懂得要写什么，却倒不出“豆子”，问题就在于看得少、思考少、积累少。因此，考生要通过大量的知识储备，拓宽视野，增加腹中“文墨”，便能更加透彻地理解申论“给定资料”，做到“妙笔生花”。

4. 迷信所谓模板。一些考生把申论作文的所谓万能模板当成“万能钥匙”，总认为只要拥有了万能作文模板，就能轻而易举得到高分。事实上，申论的命题是不断创新的，僵化的教条式学习是行不通的。

5. 申论材料中找不出重点内容。很多考生在学习过程中掌握不了重点内容，怎么办呢？不妨尝试一下 a. 关键词阅读：并列词如及、和、与、同等，递进词如不但、不仅、甚至、尤其等，转折词如但是、却、而等; b. 要素词阅读：问题词如困难、瓶颈、滞后等，原因词如因为、根源在于、囿于等，影响词如有益于、实现了、有利于等，对策词如良方、完善、锦囊妙计等；c. 权威词阅读：表示重点如实质上、核心、本质等，重要标点符号如双引号内的内容等，表示结论如综上所述、可见、总之等，表示观点如指出、强调、表明等。

6. 申论大作文和应用文写作，平时缺乏“真刀实枪”。考生平时练习申论大作文和应用文时，只注重写答题框架和提纲，很少完整作答，这样一旦到了考场，根本写不出一篇高质量的文章。

7. 做题偏离主题，一味拼凑字数。申论主要考查考生如何依据给定材料进行总结提炼观点，而不是为了节省时间，脱离材料，写出不着边际的答案，甚至考虑字数写不够，编写出与申论材料无关的内容。

8. 缺乏政府思维，不能换位思考。申论命题要求考生答题时一定要具有政府思维，而很多考生却不具备。实际上，做题时考生应该从政府角度和宏观层面出发关注政策、项目、产业等方面。

9. 急于动笔，缺乏系统思维。很多考生认为时间紧、任务重，拿到题目就去写答案，殊不知，得出的答案与材料所体现的主题大相径庭。

卷尾语

时光荏苒，岁月如歌。转眼大学生活已经结束，你们又走到了人生的“十字路口”。

恰同学少年，风华正茂！大学时，你们如百卉之萌动，展现不负韶华、以梦为马的青春力量；你们如小草之青涩，绽放流年中独具的纯真；你们如夏花之绚烂，不凋不败，妖冶如火。

清澈的爱，只为遇见。今天，你们依然初心不改、砥砺前行。愿你们在人生的奋斗路上一次次破冰，一次次梦想成真，在公考之路上“千帆竞发”。

没有哪一条河流无法越过，没有哪一条道路无法抵达远方！既然选择了远方，便只顾风雨兼程。

青春孕育无限希望，青年创造美好明天。在此，衷心祝愿你们以时代之我、青春之我、奋斗之我，在新时代公考的“赶考”路上披荆斩棘、足履实地，实现人生华丽转身。让我们一起走向未来！

2025 年 2 月